AF577836

GRILLEN VON A–Z

DIE DR. OETKER GELING-GARANTIE

UNSER VERSPRECHEN

Liebe Leserin, lieber Leser,

mit den Rezepten in unseren Koch- und Backbüchern möchten wir Sie und Ihre Lieben glücklich machen. Zum Glück braucht es den Erfolg, und den kaufen Sie mit jedem Dr. Oetker Buch gleich mit.

Dafür gibt es die *Dr. Oetker Geling-Garantie*. Sie ist unser Versprechen, dass alle Rezepte aus diesem Buch ganz einfach und sicher gelingen. Die Geling-Garantie startet schon bei der Zutatenliste: Alle Zutaten, die wir verwenden, sollten Sie leicht in Ihrem Supermarkt vor Ort einkaufen können. Jeder Zubereitungs-Schritt ist klar und einfach nachvollziehbar.

Eine Garantie können wir Ihnen aber auch deshalb mit gutem Gewissen geben, weil alle Rezepte dieses Buches von unserem erfahrenen Team entwickelt wurden. Anschließend haben wir jedes Gericht in einer ganz normalen Küche nachgekocht oder nachgebacken. Immer wieder. So lange, bis wir uns sicher waren, dass es gelingt. Und zwar auch bei Ihnen zu Hause.

Was wir versprechen, halten wir auch. Sollte beim Kochen oder Backen eines unserer Rezepte dennoch etwas danebengehen oder es Ihnen einfach nicht schmecken, dann lassen Sie es uns wissen. Schreiben Sie oder rufen Sie uns an! Wir werden das Rezept nochmals kritisch prüfen und Ihnen helfen herauszufinden, woran es gelegen haben könnte. Sie erreichen uns unter der Telefonnummer +49 (0) 89 / 54 82 515-0. Oder schreiben Sie uns eine E-Mail unter: redaktion-oetker@zsverlag.de

Natürlich freuen wir uns aber auch über weitere Rückmeldungen und auch über Lob. Ihre Ideen, Kommentare und Fragen können Sie jederzeit auch über Facebook posten: www.facebook.com/Dr.OetkerVerlag. Wir sind für Sie da. Garantiert.

Mit herzlichen Grüßen
Ihre Dr. Oetker Redaktion

ALLGEMEINE HINWEISE ZU DEN REZEPTEN

Lesen Sie vor der Zubereitung – besser noch vor dem Einkauf – das Rezept einfach einmal vollständig durch. Aus dem Zusammenhang werden die Zubereitungs-Schritte deutlicher und verständlicher.

PORTIONSANGABEN

Die Anzahl der Portionen finden Sie in jedem Rezept ausgewiesen.

ARBEITSSCHRITTE

Die Zutaten sind in der Reihenfolge ihrer Verarbeitung aufgeführt. Jeder Arbeitsschritt ist einzeln hervorgehoben und extra nummeriert.
So haben wir die Rezepte für Sie auch entwickelt und ausprobiert.

ZUBEREITUNGSZEIT UND GARZEIT

Die angegebene Zubereitungszeit schließt die Dauer der Vorbereitung und die eigentliche Zubereitung mit ein. Sie ist ein Anhaltswert und kann je nach individuellem Geschick oder Übung natürlich ein wenig variieren. Längere Wartezeiten wie zum Beispiel Kühl- oder Abkühlzeiten oder auch Auftauzeit sind in der Regel nicht in der Zubereitungszeit enthalten. Einzige Ausnahme: In dieser Zeit sind parallel andere Arbeitsschritte zu tun. Die Garzeiten sind gesondert ausgewiesen. Bei einigen Rezepten setzt sich die Gesamt-Garzeit aus mehreren Teil-Garzeiten zusammen.

BACKOFENEINSTELLUNG UND BACKZEITEN

Die in den Rezepten angegebenen Backtemperaturen und Backzeiten sind Richtwerte, die je nach individueller Hitzeleistung Ihres Backofens über- oder unterschritten werden können. Prüfen Sie nach Beendigung der angegebenen Backzeit ob das Gericht gar ist.
Die Temperaturangaben in diesem Buch beziehen sich auf Elektrobacköfen. Die Temperatur-Einstellungsmöglichkeiten für Gasbacköfen variieren je nach Hersteller, sodass wir keine allgemeingültigen Angaben machen können. Bitte beachten Sie deshalb bei der Einstellung des Backofens die Gebrauchsanleitung des Herstellers. Ein Backofenthermometer eignet sich dabei gut, um die Backofentemperatur im Blick zu haben.

EINSCHUBHÖHE

In den Rezepten in diesem Buch ist die Einschubhöhe immer dann die Mitte des Backofens, wenn nichts anderes angegeben ist.

HINWEISE ZU DEN NÄHRWERTEN

Bei den Nährwertangaben in den Rezepten handelt es sich um auf- bzw. abgerundete ganze Werte. Aufgrund von ständigen Rohstoffschwankungen und/oder Rezepturveränderungen bei Lebensmitteln kann es zu Abweichungen kommen. Die Nährwertangaben dienen daher lediglich Ihrer Orientierung und eignen sich nur bedingt für die Berechnung eines Diätplans.

ABKÜRZUNGEN UND SYMBOLE

EL	Esslöffel
TL	Teelöffel
Msp.	Messerspitze
Pck.	Packung/Päckchen
g	Gramm
kg	Kilogramm
ml	Milliliter
l	Liter
evtl.	eventuell
geh.	gehäuft
gestr.	gestrichen
gem.	gemahlen
ger.	gerieben
TK	Tiefkühlprodukt
°C	Grad Celsius
Kalorien-/Nährwertangaben	
E	Eiweiß
F	Fett
Kh	Kohlenhydrate
kcal	Kilokalorie
Symbole	
◷	Zubereitungs-/Garzeit
✚	Vegetarisch/Vegan
▲	Mit Alkohol

RATGEBER

FEUER UND HITZE RICHTIG NUTZEN: DANN WIRD DAS GRILLGUT AM GRILL GUT

Außen verbrannt und innen noch roh? Muss nicht sein, wenn man direktes und indirektes Grillen beherrscht. Neben der Technik müssen auch Fleisch und Fisch gut ausgewählt sein und richtig behandelt werden. Dann noch die Rezepte beachten, Erfahrung sammeln und das richtige Gefühl entwickeln. Dem Grillgenuss steht nichts mehr im Wege!
Wenn alles vorbei ist und die Gäste gegangen sind, geht es mit Stahlbürste, Seifenlauge und Backofenreiniger zur Sache. Macht keinen Spaß, muss aber sein. Man sollte den Grill vor, während und nach der Benutzung sorgfältig pflegen.

HOLZKOHLE-GRILL

Authentisches Barbecueing mit langen Garzeiten und viel heißem Rauch bei eher niedriger Hitze geht nur auf dem Holzkohlegrill. Hier kann man auch Feuer zum scharfen Anbraten beim direkten Grillen kombinieren mit anschließendem langsamen Durchziehen beim indirekten Grillen am Rand. Erfahrung schadet hier nicht, denn Inbetriebnahme und Hitzeregulierung bedürfen einiger Übung und Fingerspitzengefühls.

GRILLEN MIT GAS

Deckel öffnen, auf den Knopf drücken und es kann losgehen. Gasgrills sind eine bequeme Sache und ohne Kohleschleppen schnell am Start. Deshalb ist der Gasgrill überall sehr beliebt. Hier hat die Technik große Fortschritte gemacht. Heute können Gasgrills hohe Temperaturen erreichen und verfügen auch über heißere und kühlere Bereiche für direktes und indirektes Grillen. Die Hitze lässt sich präzise steuern und auch ohne Ruß und Asche kann man sehr professionell damit arbeiten. So spontan die Grillparty starten kann, so gründlich sollte allerdings die Wartung sein. Gasschläuche sollten regelmäßig auf Dichtigkeit kontrolliert werden, insbesondere wenn der Grill längere Zeit nicht in Betrieb war.

ELEKTRO-GRILL

Bestens geeignet für den Balkon, für Anfänger und für kleineres Grillgut. Elektrogrills haben keine starke Heizkraft und sind daher weniger für große Steaks geeignet. Kleinere Fleischstücke, Gemüse oder Garnelenspieße gelingen perfekt; der gusseiserne Rost sorgt sogar für die typischen Grillmarkierungen. Und das ohne große Diskussionen mit den Nachbarn, denn durch ein Wasserbecken unter dem Heizelement ist die Rauchentwicklung sehr gering. Darin wird das Fett aufgefangen und verhindert, dass es sich entzündet.

ANZÜNDKAMIN

Damit die Stimmung nicht schon am Anfang ins Wanken gerät, kann je nach Wetterlage und Windstärke ein Anzündkamin für einen Holzkohlegrill die optimale Lösung sein. Die Kohlen glühen durch und kommen als Glut in den Grill. Alternativ kann auch ein Bunsenbrenner verwendet werden.

HOLZKOHLE

Qualität kann man erkennen: Nur Kohle, die frei von Holzschutzmittel und Anstrichstoffen ist, wird nach DIN EN 1860-2 oder DIN-plus zertifiziert. Und sichere Grills haben das GS-Zeichen oder erfüllen die DIN-EN 1860-1 Norm.

PROFIS ERKENNT MAN AM WERKZEUG

- Handschuhe
- Bürste
- Zange
- Körbe
- Stoppuhr
- Pinsel
- Spieße

Beim Grillen ist es wie mit allen Werkzeugen: Manches wie Zange, Pinsel und Handschuhe braucht man unbedingt, anderes ist nützliche Spielerei und einiges ist wirklich überflüssig, macht aber Spaß.

Stahlbürsten zum Grillreinigen entfernen auch den letzten Rest Fett und andere Rückstände. Geht leichter, wenn der Grill noch warm ist.

Wer Fleisch und Würstchen mit einer Gabel wendet, bietet dem Saft einen Ausgang und darf sich nicht wundern, wenn es nachher auf dem Teller ziemlich trocken zugeht. Deshalb sind eine lange **Grillzange** und ein **Grillwender** für die schonende Behandlung ein absolutes Muss.

Nur keine Spuren hinterlassen – deshalb tragen Profi-Griller immer **Handschuhe**. Praktisch ist ein langer Schaft, der schützt auch die Unterarme.

Holzspieße aus Bambus gehören einfach zum authentischen Schaschlik-Gefühl, eignen sich aber auch gut für Würstchen oder Gemüse. Vor dem Benutzen wässern, dann fangen die Enden kein Feuer. Abgeflachte oder vierkantige **Metallspieße** sind ideal für größere Stücke.

Reinlegen, zuklappen und wenden, ohne dass Fische oder Fischfilets zerfallen. Neben speziellen **Körben** für Fische gibt es auch andere Formen für Gemüse, kleine Fleischstücke oder Meeresfrüchte.

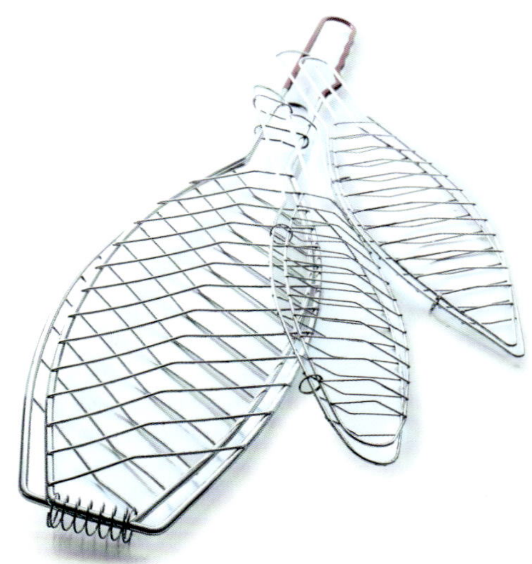

Eine **Stoppuhr** ist sicherer als der Blick auf die Armbanduhr – das exakte Timing ist beim Grillen wirklich wichtig.

Grillpinsel gibt es z. B. mit Edelstahlgriffen und Silikonborsten. Und mindestens jeweils einen für Grillrost und Platte und einen für Saucen und Marinaden verwenden.

Mit einem analogen oder digitalen **Grillthermometer** ist man immer auf der sicheren Seite. Damit verpasst man garantiert nicht den optimalen Garpunkt.

INDIREKTES GRILLEN MIT DEM HOLZKOHLEGRILL

2-Zonen-Feuer: Dafür wird die Feuerwanne zu zwei Drittel mit Kohle befüllt. Das restliche Drittel bleibt ohne Kohlen für das indirekte Grillen. Beim Holzkohlegrill in den indirekten Bereich unter den Grillrost eine Abtropfschale stellen.

Minion-Ring (Foto unten): Bei dieser Technik werden Briketts in zwei Reihen nebeneinander kreisförmig auf den Kohlerost hochkant aufgestellt. Eine dritte Reihe wird waagerecht auf die beiden unteren Reihen aufgelegt. Alle Briketts sollten eng aneinanderliegen und sich gegenseitig berühren, da sich die Glut nach und nach durch den Minion-Ring frisst. Der Ring muss allerdings an einer Stelle unterbrochen sein, damit sich die Glut nur einseitig entlang des Ringes ausbreiten kann.
Zum Anheizen des Minion-Rings 10–15 Grillbriketts in einem Anzündkamin vorglühen (etwa 30 Minuten). Eine Abtropfschale in die Mitte des Minion-Rings (indirekter Grillbereich) stellen und die gut durchgeglühten Grillbriketts an ein Ende des offenen Rings legen, um den Grillprozess zu starten.

INDIREKTES GRILLEN MIT DEM GASGRILL

Für Grillstücke wie **Pulled Pork** (S. 156) und **Pulled Beef** (S. 154), die besonders lange und bei niedrigen Temperaturen indirekt gegrillt werden, bietet sich ein Gasgrill an. Hierfür bei dem Gasgrill nur die äußeren Brenner in Betrieb nehmen, den Deckel schließen und eine Garraumtemperatur von etwa 110 °C einregeln. Eine Tropfschale mit Gitter in die Mitte des Grillrosts stellen (= indirekter Grillbereich, Brenner an dieser Stelle also aus). Einen Räuchertopf oder eine Räucherbox bis zur Hälfte mit Räuchermehl (Holzaroma nach Geschmack) füllen und über einen aufgeheizten Brenner stellen. Das vorbereitete Grillgut auf das Gitter mit der Tropfschale setzen und den Grill schließen. Dann wie beschrieben weiter fortfahren.

APRIKOSEN-VINAIGRETTE

● Zubereitungszeit: 15 Minuten
+ Vegetarisch

ZUTATEN FÜR 10 PORTIONEN

1 Schalotte
2 reife, enthäutete Pfirsiche oder
4 reife, enthäutete Aprikosen
100 ml weißer Balsamico-Essig
50 g mittelscharfer Senf
½ EL flüssiger Blütenhonig
1 gestr. TL Salz
gem. Pfeffer
175 ml Speiseöl, z. B. Sonnenblumenöl
100 ml kalt gepresstes Olivenöl
25 ml Walnussöl
evtl. etwas Orangensaft

INSGESAMT:

E: 6 g, F: 301 g, Kh: 32 g, kcal: 2838

1. Schalotte abziehen und in kleine Würfel schneiden. Pfirsiche oder Aprikosen halbieren und den Stein herauslösen.

2. Schalottenwürfel mit den Pfirsich- oder Aprikosenhälften, Essig, Senf, Honig, Salz und Pfeffer in einen hohen Rührbecher geben und mit einem Pürierstab fein pürieren. Die 3 Öle in einem dünnen Strahl hinzugeben, dabei die Sauce weiter pürieren bzw. mixen, bis eine homogene Verbindung entsteht. Ist die Vinaigrette zu dickflüssig, etwas Orangensaft hinzugeben.

3. Die Vinaigrette in ein gründlich gereinigtes, gespültes Glas füllen, mit einem Deckel verschließen und kalt gestellt aufbewahren. Vor Gebrauch gut schütteln und innerhalb von 3–4 Tagen verbrauchen.

TIPP:

Die Vinaigrette passt gut zu Blattsalaten, Tomaten oder zu gebratener Leber. Statt frischer Pfirsiche und Aprikosen können Sie auch 125 g gut abgetropfte Aprikosenhälften aus der Dose oder dem Glas verwenden.

ASIATISCH MARINIERTE SCHWEINEBAUCHSPIESSE

Zubereitungszeit: 40 Minuten, ohne Marinierzeit
Grillzeit: etwa 30 Minuten

ZUTATEN FÜR 8 SPIESSE

2–3 rote Zwiebeln (etwa 300 g)
300 g Staudensellerie (4 Stangen)
etwa 15 g Ingwer
1 kleine Chilischote
4 EL Austernsauce
etwa 640 g Schweinebauch (8 Scheiben, zu je 80 g geschnitten)
gem. Pfeffer
etwas Salz

ZUSÄTZLICH:

8 Grillspieße (z. B. Bambusspieße, etwa 25 cm lang, über Nacht in Wasser eingelegt, oder Metallspieße)
etwas Öl für den Grillrost

PRO SPIESS:

E: 15 g, F: 17 g, Kh: 3 g, kcal: 224

1. Die Zwiebeln abziehen und in Spalten schneiden. Staudensellerie putzen, die harten Außenfäden abziehen. Sellerie abspülen, trocken tupfen und in etwa 24 gleich große Stücke schneiden.

2. Den Ingwer schälen, zunächst in Scheiben schneiden, dann fein zerschneiden. Die Chilischote längs halbieren, entkernen und entstielen, abspülen, trocken tupfen und klein schneiden. Die Austernsauce mit Ingwer und Chili vermischen.

3. Die Schweinebauchscheiben mit Küchenpapier trocken tupfen und in je 5 Stücke schneiden. Jeweils 5 Schweinebauchstücke, 2–3 Zwiebelspalten und 3 Selleriestücke abwechselnd auf einen Spieß stecken.

4. Die Spieße in eine Schale legen, mit der Austernsauce bestreichen und mit Pfeffer bestreuen. Die Spieße zugedeckt etwa 60 Minuten im Kühlschrank marinieren, dabei die Spieße gelegentlich mit der abgetropften Sauce wieder einstreichen.

5. Die marinierten Spieße abtropfen lassen, mit Salz würzen, auf den gefetteten Grillrost des heißen Grills legen, insgesamt etwa 30 Minuten grillen, dabei die Spieße mehrmals wenden, damit sie nicht zu dunkel werden.

BEILAGE:

Knoblauchbaguettes.

ASIATISCHE MARINADE

- Zubereitungszeit: 10 Minuten, ohne Durchziehzeit
- + Vegetarisch

ZUTATEN FÜR JE 900 G RIND, LAMM, SCHWEIN, HÄHNCHEN, ENTE ODER FISCH

1 walnussgroßes Stück Ingwer
3 Knoblauchzehen
1 Bio-Zitrone (unbehandelt, ungewachst)
1 TL rote Currypaste, 3 EL helle Sojasauce
1 EL Sesamöl, 2 EL flüssiger Honig

PRO PORTION (MIT RIND):

E: 47 g, F: 11 g, Kh: 5 g, kcal: 327

1. Ingwer schälen und in feine Scheiben schneiden. Knoblauchzehen abziehen und fein würfeln. Zitrone gründlich heiß abwaschen und abtrocknen. Zitronenschale abreiben, Zitrone halbieren und den Saft auspressen.

2. Ingwer, Knoblauchwürfel, Currypaste, Zitronensaft und -schale, Sojasauce, Sesamöl und Honig verrühren, Saft auspressen.

3. Fleisch oder Fisch mit Küchenpapier abtupfen und in eine flache Schale legen.

4. Die Marinade darüber verteilen und mit Frischhaltefolie zugedeckt im Kühlschrank durchziehen lassen. Fleisch etwa 1 Stunde, Fisch etwa 30 Minuten durchziehen lassen. Zwischendurch wenden.

AUBERGINEN MIT EINGELEGTEN LIMETTEN

- Zubereitungszeit: 50 Minuten, ohne Kühlzeit
  Grillzeit: etwa 4 Minuten
- Vegetarisch

ZUTATEN FÜR 8–10 PORTIONEN

FÜR DIE EINGELEGTEN LIMETTEN:

5 Bio-Limetten (unbehandelt, ungewachst)
1 EL Meersalz
150 ml Olivenöl

5 Knoblauchzehen
150 ml Olivenöl
10 mittelgroße Auberginen (je etwa 300 g)
Salz
grob gem. bunter Pfeffer
2 Bund Schnittlauch

PRO PORTION:

E: 9 g, F: 59 g, Kh: 18 g, kcal: 643

1. Für die eingelegten Limetten die Limetten gründlich heiß abwaschen, abtrocknen und in dünne Scheiben schneiden. Limettenscheiben mit Salz bestreuen, in ein Glas schichten und mit Olivenöl übergießen, sodass die Limettenscheiben bedeckt sind. Limettenscheiben mit Klarsichtfolie zudecken und mindestens 24 Stunden kalt stellen.

2. Knoblauchzehen abziehen, durch eine Knoblauchpresse drücken, mit Olivenöl verrühren.

3. Auberginen waschen, abtrocknen und die Stängelansätze abschneiden. Auberginen in Scheiben schneiden, mit Salz und Pfeffer bestreuen. Auberginenscheiben in eine flache Schale legen und mit dem Knoblauchöl übergießen. Auberginenscheiben mit Klarsichtfolie zudecken und kalt stellen.

4. Schnittlauch abspülen, trocken tupfen und in Röllchen schneiden.

5. Die Auberginenscheiben abtropfen lassen und auf dem heißen Grill von jeder Seite etwa 2 Minuten grillen. Auberginenscheiben mit den eingelegten Limetten und Schnittlauchröllchen garnieren.

BEILAGE:

Eingelegter Fetakäse oder Mozzarellascheiben, frisches Weißbrot.

TIPPS:

Die Auberginen schmecken auch sehr gut zu gegrilltem Lammfleisch oder Fisch. Limettenscheiben schon einige Tage vor dem Verzehr in Olivenöl einlegen.

AUBERGINEN-DIP MIT RICOTTA

- Zubereitungszeit: 15–20 Minuten, ohne Abkühlzeit
  Garzeit: etwa 60 Minuten
- Vegetarisch

ZUTATEN FÜR 4 PORTIONEN

2 Auberginen (etwa 450 g)
3 Knoblauchzehen
etwa 50 g schwarze Oliven, ohne Stein
Saft von ½ Zitrone
1 Msp. gem. Kreuzkümmel (Cumin) oder Koriander
2 EL Sesampaste
200 g Ricotta (ital. Frischkäse)
2 TL gehackte Petersilienblättchen
Salz, gem. Pfeffer
1 Prise Zucker

ZUSÄTZLICH:

Alufolie
Fett für das Backblech

INSGESAMT:

E: 33 g, F: 77 g, Kh: 27 g, kcal: 944

1. Den Backofen vorheizen.
Ober-/Unterhitze: etwa 140 °C
Heißluft: etwa 120 °C

2. Auberginen abspülen, abtrocknen und die Stängelansätze abschneiden. Auberginen längs halbieren, jeweils mit der Schnittfläche nach unten auf ein Backblech (mit Alufolie belegt, gefettet) legen. Das Backblech in den vorgeheizten Backofen schieben. Die Auberginen **etwa 60 Minuten garen.**

3. Auberginen aus dem Backofen nehmen und abkühlen lassen.

4. Knoblauchzehen abziehen und durch eine Knoblauchpresse drücken. Oliven grob hacken. Auberginenfruchtfleisch mit einem Esslöffel herauslösen, mit Knoblauch, Zitronensaft, Kreuzkümmel oder Koriander und Sesampaste pürieren.

5. Ricotta mit Auberginenpüree, Oliven und Petersilienblättchen gut verrühren, mit Salz, Pfeffer und Zucker abschmecken. Den Dip in 1–2 verschließbare Gefäße füllen und kalt stellen. Der Dip ist im Kühlschrank 2–3 Tage haltbar.

BEILAGE:

Geröstete Baguettescheiben, Fladen- oder Nussbrot.

TIPP:

Statt Ricotta kann auch Crème fraîche verwendet werden.

AVOCADO-DIP (GUACAMOLE)

● Zubereitungszeit: 25 Minuten
+ Vegan

ZUTATEN FÜR 4 PORTIONEN

3 Bund Koriander (ersatzweise glatte Petersilie)
3 Schalotten
1–2 Knoblauchzehen
2 EL Speiseöl, z. B. Sonnenblumenöl
2 reife Avocados
3 EL Limettensaft
Salz
Cayennepfeffer

INSGESAMT:

E: 3 g, F: 32 g, Kh: 2 g, kcal: 300

1. Koriander abspülen und trocken tupfen. Blättchen von den Stängeln zupfen. Blättchen grob zerkleinern.

2. Schalotten und Knoblauch abziehen und fein hacken.

3. Koriander, Schalotten, Knoblauch und Öl in einen hohen Rührbecher geben und mit einem Pürierstab pürieren.

4. Avocados halbieren und die Steine entfernen. Avocadofleisch mit einem Esslöffel herauslösen. Avocadofleisch und Limettensaft zu der Koriander-Schalotten-Masse geben und mit dem Pürierstab zu einer glatten Masse pürieren.

5. Die Creme mit Salz und Cayennepfeffer kräftig abschmecken.

TIPP:

Guacamole passt als Dip zu einer Rohkostplatte, zu gegrilltem Fleisch und zu Tacos.

REZEPTVARIANTE:

Für **Guacamole mit Tomaten** (Foto) eine mittelgroße Tomate kreuzweise einschneiden und mit kochendem Wasser übergießen. Nach 1–2 Minuten herausnehmen und mit kaltem Wasser abschrecken. Tomate häuten, halbieren und den Stängelansatz herausschneiden. Tomate würfeln. Tomatenwürfel unter die Guacamole heben.

BARBECUE-SAUCE (BBQ-SAUCE)

- Zubereitungszeit: 20 Minuten, ohne Durchziehzeit
- + Vegetarisch

ZUTATEN FÜR 12–15 PORTIONEN

300 ml starker Kaffee (Espresso oder Mokka)
1 Gemüsezwiebel
1 kleines Bund krause Petersilie
1 TL Sambal Oelek, 1 l Tomatenketchup

INSGESAMT:

E: 25 g, F: 4 g, Kh: 255 g, kcal: 1188

1. Kaffee erkalten lassen. Zwiebel abziehen, halbieren und in kleine Würfel schneiden.

2. Petersilie abspülen und trocken tupfen. Die Blättchen von den Stängeln zupfen und anschließend fein hacken.

3. Kaffee in eine Schüssel gießen. Zwiebelwürfel, Petersilie, Sambal Oelek und Ketchup hinzufügen. Die Zutaten gut verrühren.

4. Die Sauce in vorbereitete Gläser oder Flaschen füllen, fest verschließen und kalt stellen. Sauce 1 Tag durchziehen lassen. Die Sauce ist gut gekühlt 3–4 Wochen haltbar.

TIPPS:

Die Sauce sollte bei keinem Barbecue fehlen. Sie schmeckt besonders gut zu gegrilltem Fleisch und eignet sich zum Bestreichen von gegrillten Spare Ribs. Oder reichen Sie die Sauce einfach zu Frittiertem. Die Sauce lässt sich auch mit weiteren Zutaten variieren. Probieren Sie doch einmal eine Bier- oder Whiskey-Barbecue-Sauce.

BEEF BRISKET LOW AND SLOW

- Zubereitungszeit: 10–15 Minuten, ohne Marinier- und Ruhezeit Grillzeit: etwa 9 1/2 Stunden
- ▲ Mit Alkohol

ZUTATEN FÜR 10 PERSONEN

etwa 4 kg Rinderbrust, mit Küchengarn zusammengebunden
doppeltes Rezept All-Day-Rub (S. 170), davon 1 EL abnehmen für die Mopp-Sauce

FÜR DIE MOPP-SAUCE:

4 Bio-Orangen (unbehandelt, ungewachst)
1 kleine rote Zwiebel
500 ml dunkles Weizenbier
1 EL Senf, 1 EL Worcestersauce
1 EL Paprikapulver edelsüß, ½ EL Chilipulver
1 EL All-Day-Rub (S. 170)

ZUSÄTZLICH:

Bier oder Wasser
Alufolie

PRO PORTION:

E: 70 g, F: 87 g, Kh: 5 g, kcal: 1085

1. Die Rinderbrust mit Küchenpapier abtupfen, mit dem All-Day-Rub gründlich einreiben und in einem Plastikbeutel oder in Folie gewickelt über Nacht im Kühlschrank durchziehen lassen.

2. Das Fleisch einige Stunden vor dem Grillen aus der Kühlung nehmen und bei Raumtemperatur stehen lassen.

3. Orangen heiß abwaschen, abtrocknen, die Schale abreiben und den Saft auspressen. Zwiebel abziehen und fein würfeln. Bier, Orangenschale und -saft, Zwiebelwürfel, Senf, Worcestersauce, Paprikapulver, Chilipulver und All-Day-Rub in

einem geeigneten Gefäß gut vermengen, sodass eine homogene Mopp-Sauce entsteht.

4. Den Grill für indirektes Grillen (100–120 °C) vorbereiten und eine ausrangierte Konservendose (oder ein ähnliches Gefäß) mit Bier oder Wasser hineinstellen.

5. Die gerubte Rinderbrust mit der Fettschicht nach oben in den indirekten Hitzebereich des Grills stellen und etwa 8 Stunden mit geschlossenem Deckel garen. Das Fleisch stündlich mit der Mopp-Sauce bepinseln (moppen).

6. Dann die Brust fest in Alufolie einpacken und weitere 1 ½ Stunden im Grill garen. Dadurch gart das Fleisch weiter, ohne Feuchtigkeit zu verlieren.

7. Nach dem Garen das Fleisch 15–20 Minuten in der Folie ruhen lassen. Dann kann es vorsichtig ausgepackt und das Küchengarn entfernt werden. Man trennt die Oberseite von der Unterseite mit einem Schnitt durch die mittlere Fettschicht. Beide Seiten auf einem Schneidbrett in dünne Scheiben (zum Belegen von Burgern oder Sandwiches) oder in Stücke (zum direkten Verzehr) schneiden. Grobes Meersalz zum Nachwürzen bereithalten.

BEER CAN CHICKEN

- Zubereitungszeit: 15–20 Minuten
  Grillzeit: 50–60 Minuten
- ▲ Mit Alkohol

ZUTATEN FÜR 2–4 PORTIONEN (JE NACH APPETIT)

1 Huhn (etwa 1 ½ kg)
4 EL Rapsöl
4 TL Curry-Rub (S. 170)
1 Dose Bier (0,5 l)
1 abgezogene Zwiebel

1 kleines Schälchen Meersalz zum Nachwürzen

PRO PORTION:

E: 61 g, F: 50 g, Kh: 4 g, kcal: 727

1. Das Huhn mit Küchenpapier abtupfen.

2. Anschließend das Huhn von innen und außen mit Rapsöl und 2–3 Teelöffeln vom Curry-Rub einreiben.

3. Ein Drittel vom Bier in ein Glas schütten (später ggf. beim Essen trinken). 1–2 Teelöffel vom Rub in das verbleibende Bier in der angebrochenen Bierdose füllen. In die Oberseite der Dose noch weitere Löcher einschlagen, damit später die Bier-Curry-Mischung besser verdampfen kann.

4. Die Dose in eine geschlossene Aluschale (zum Auffangen des Fleischsaftes) stellen und das Huhn so auf die Bierdose setzen, dass die Schenkelenden unten als Stütze dienen. In den Hals die Zwiebel stecken, sodass die verdampfende Curry-Bier-Mischung nicht nach oben aus dem Huhn austreten kann, sondern ihr Aroma an das Fleisch abgibt. Somit wird das Grilltier von innen mit Aromen bedampft und von außen gegrillt.

5. Das Ganze in einem verschließbaren Grill (Kugelgrill, bzw. Grill mit ausreichend hohem Deckel) bei mittlerer Hitze 50–60 Minuten garen.

6. Das Huhn mit der Auffangschale vom Grill holen und vorsichtig (Restinhalt der Dose ist sicher sehr heiß!) von seinem Sitz nehmen. Huhn zerlegen und direkt verspeisen.

7. Wer möchte, kann bei Bedarf seine Portion noch mit Meersalz nachwürzen und mit Saft aus der Auffangschale begießen.

TIPPS:

Man rechnet pro 500 g Grilltiergewicht (Geflügel) etwa 20 Minuten Garzeit. Somit kann auf diese Weise auch jedes andere Geflügel gegrillt werden. Weitere Namen für das Gericht sind: Beer Butt Chicken, Drunken Chicken, Besoffenes Huhn oder Huhn auf der Dose.
Wenn Sie das Huhn zuvor mit Salz einreiben und es für einige Stunden in den Kühlschrank stellen, wird ihm Wasser entzogen und der Geflügelgeschmack wird noch intensiver. Vor dem Würzen mit dem Curry-Rub, sollte das Salz wieder abgewaschen werden.
Anstelle einer Bierdose können Sie auch ein Beer Can Chicken Rack verwenden. Das bietet folgende Vorteile: Die Dose ist wiederverwendbar. Zudem besitzt sie einen abnehmbaren Deckel, ist komplett zerlegbar und lässt sich dadurch leichter reinigen.

BIER-BBQ-SAUCE

- Zubereitungszeit: 15–20 Minuten
  Garzeit: 20–30 Minuten
- ▲ Mit Alkohol

ZUTATEN FÜR 400–500 ML

1 kleine Zwiebel
1 Knoblauchzehe
1 Bio-Limette (unbehandelt, ungewachst)
250 ml Tomatenketchup
250 g Sweet Chilisauce
330 ml helles Bier
2 EL Sherryessig
1 TL Chilipulver
1 TL gem. bunter Pfeffer

INSGESAMT:

E: 13 g, F: 4 g, Kh: 159 g, kcal: 843

1. Für die Sauce Zwiebel und Knoblauch abziehen. Zwiebel fein würfeln und Knoblauch durch eine Presse drücken.

2. Die Limette heiß abwaschen und abtrocknen. Die Schale abreiben, die Limette halbieren und den Saft auspressen.

3. Alle Zutaten in einem Topf unter Rühren zum Kochen bringen und bei mittlerer Hitze sirupartig einkochen lassen (20–30 Minuten).

4. Die BBQ-Sauce warm oder kalt servieren.

TIPPS:

Die Sauce schmeckt ausgezeichnet zu Burgern und anderem gegrillten Fleisch. Die restliche Bier-BBQ-Sauce hält sich zugedeckt im Kühlschrank 2–3 Wochen. Man kann die Sauce auch mit dunklem Bier zubereiten. Sie wird dann süßer und passt super zu Spareribs.

BRUSCHETTA MIT SARDELLEN

Zubereitungszeit: 20 Minuten

ZUTATEN FÜR 12 PORTIONEN (24 STÜCK)

6 Knoblauchzehen
etwa 2 kg Tomaten
24 abgetropfte Sardellenfilets in Öl
Salz, gem. Pfeffer
12 EL Olivenöl

24 Scheiben Baguette
etwas Olivenöl zum Beträufeln
einige vorbereitete Basilikumblätter

ZUSÄTZLICH:

Fett für den Grillrost

PRO PORTION:

E: 6 g, F: 18 g, Kh: 24 g, kcal: 279

1. Den Knoblauch abziehen. Tomaten abspülen, abtrocknen, halbieren, vierteln und die Stängelansätze herausschneiden. Tomatenviertel entkernen und in etwa 1 cm kleine Würfel schneiden. Tomatenwürfel in eine Schüssel geben.

2. Die Sardellen in grobe Stücke zerschneiden, zu den Tomatenwürfeln geben und vermischen. Die Tomaten-Sardellen-Mischung mit Salz und Pfeffer würzen. Das Olivenöl unterrühren.

3. Die Baguettescheiben auf den Grillrost (gefettet) des heißen Grills legen und von jeder Seite kurz goldgelb rösten. Die Baguettescheiben während des Röstens mit etwas Olivenöl bestreichen.

4. Die Baguettescheiben vom Grill nehmen und sofort mit dem abgezogenen Knoblauch einreiben. So lange reiben, bis nichts mehr von dem Knoblauch übrig ist.

5. Die Tomaten-Sardellen-Mischung eventuell etwas abtropfen lassen, auf den Baguettescheiben verteilen, mit Basilikumblättern garnieren und sofort servieren.

TIPPS:

Zusätzlich etwa ½ Teelöffel Tomatenmark zu der Tomaten-Sardellen-Mischung geben.
Statt Baguette können Sie auch Ciabatta oder frisches Landbrot verwenden.
Wenn Sie keine Sardellen mögen, können Sie diese ersatzlos weglassen.
Bereiten Sie die Tomaten-Sardellen-Mischung 2–3 Stunden vor dem Grillen zu und stellen Sie diese zugedeckt in den Kühlschrank.

BULGURSALAT

- Zubereitungszeit: 30 Minuten, ohne Abkühl- und Durchziehzeit
+ Vegetarisch

ZUTATEN FÜR 4 PORTIONEN

200 g grober Bulgur (Weizengrütze)
400 ml Gemüsebrühe
1 Salatgurke
2 Fleischtomaten
1 gelbe Paprikaschote
1 Bund Frühlingszwiebeln
1 Bund glatte Petersilie
4 Minzestängel

FÜR DIE SAUCE:

4 EL Zitronensaft
Salz
gem. Pfeffer
etwas Zucker
gem. Cumin (Kreuzkümmel)
6–8 EL Olivenöl

PRO PORTION:

E: 8 g, F: 19 g, Kh: 47 g, kcal: 390

1. Bulgur in einem heißen Topf ohne Fett unter Rühren etwa 1 Minute anrösten. Brühe hinzugießen, alles aufkochen und bei schwacher Hitze zugedeckt in etwa 15 Minuten ausquellen lassen. Bulgur abkühlen lassen, dabei ab und zu durchrühren.

2. Inzwischen die Gurke abspülen, abtrocknen, die Enden abschneiden und die Gurke in kleine Würfel schneiden.

3. Tomaten abspülen, abtrocknen, halbieren und die Stängelansätze herausschneiden. Tomaten in kleine Würfel schneiden.

4. Paprikaschote halbieren, entstielen, entkernen und die weißen Scheidewände entfernen. Die Schotenhälften abspülen, abtropfen lassen und fein würfeln.

5. Frühlingszwiebeln putzen, abspülen, abtropfen lassen und in feine Ringe schneiden.

6. Petersilie und Minze abspülen, trocken tupfen und die Blättchen von den Stängeln zupfen. Blättchen fein schneiden.

7. Für die Sauce Zitronensaft mit Salz, Pfeffer, Zucker und Cumin verrühren. Öl unterschlagen. Die vorbereiteten Zutaten mit der Sauce vermischen und gut durchziehen lassen.

TIPPS:

Der Salat erhält durch Minze und Cumin eine orientalische Note.
Bulgur bekommt man in türkischen Geschäften, in Bioläden oder auch im Supermarkt. Es gibt Bulgur auch als Instant-Produkt. Dann Bulgur nach Packungsanleitung zubereiten. Bei Bulgur handelt es sich um bereits vorgegarten Weizenschrot, der speziell in der orientalischen Küche sehr beliebt ist. Statt in Gemüsebrühe lässt sich Bulgur auch einfach in kochendem Salzwasser garen. Statt Bulgur können Sie Couscous verwenden.
Der Salat schmeckt auch sehr gut mit in Würfel geschnittenem Schafskäse.
Für einen besonders pikanten Geschmack geben Sie noch etwas Harissa (S. 82) und Tomatenmark hinzu.

BURGER MIT HALLOUMI UND FEINEM BAUERNSALAT

- Zubereitungszeit: 35 Minuten
  Grillzeit: 4–5 Minuten
- Vegetarisch

ZUTATEN FÜR 8 PORTIONEN

FÜR DEN BAUERNSALAT:

2 rote Zwiebeln (etwa 160 g)
1 Salatgurke (etwa 400 g)
4 Tomaten (etwa 300 g)
60 g abgetropfte schwarze Oliven, ohne Stein
1 TL gerebelter Oregano
Salz
gem. Pfeffer
Zucker oder Honig
2 EL Weißweinessig
4 EL Olivenöl
8 Endiviensalatblätter

4 x 250 g Halloumi (griechischer Grillkäse)
8 Burgerbrötchen/Buns
(S. 24 oder Fertigprodukt)
etwa 500 g Krautsalat
(S. 105 oder Fertigprodukt)
etwa 350 g Zaziki (S. 210 oder Fertigprodukt)

ZUSÄTZLICH:

Speiseöl für den Grillrost

PRO PORTION:

E: 38 g, F: 48 g, Kh: 39 g, kcal: 741

1. Für den Bauernsalat die Zwiebeln abziehen und fein würfeln. Gurke schälen, längs halbieren, das Kerngehäuse mithilfe eines kleinen Löffels herauskratzen und in erbsengroße Würfel schneiden. Tomaten abspülen, abtropfen lassen, vierteln, Kerngehäuse und Strunk entfernen und das Fruchtfleisch in kleine Würfel schneiden. Oliven vierteln. Alle vorbereiteten Zutaten für den Bauernsalat in eine Schüssel geben und mit Oregano, Salz, Pfeffer, Zucker oder Honig, Weinessig und Olivenöl abschmecken. Endivienblätter abspülen, abtropfen lassen oder trocken schleudern, in kleine Stücke schneiden und unter den Bauernsalat heben.

2. Den Grill für direkte Hitze bei mittlerer Temperatur (etwa 180 °C) vorbereiten und aufheizen. Grillkäse in je 2 Scheiben schneiden. Die Käsescheiben auf den heißen Grillrost (gefettet) legen und von beiden Seiten insgesamt 4–5 Minuten grillen.

3. Burgerbrötchen waagerecht aufschneiden, kurz mit den Schnittflächen nach unten auf dem heißen Grill anrösten und nacheinander mit dem Krautsalat, gegrillten Halloumi und Bauernsalat belegen. Deckel daraufsetzen und den Burger zusammen mit dem Zaziki servieren.

TIPP:

Wer mag, beträufelt die Schnittflächen der Burgerbrötchen vor dem Rösten mit etwas Olivenöl und reibt sie nach dem Grillen mit einer abgezogenen Knoblauchzehe ab.

BURGER-BUNS, KLASSISCH

- Zubereitungszeit: 25 Minuten
  Teiggehzeit: etwa 1 Stunde und 45 Minuten
  Backzeit: etwa 20 Minuten
+ Vegetarisch

ZUTATEN FÜR 8 STÜCK

FÜR DEN HEFETEIG:

675 g Weizenmehl
21 g frische Hefe
250 ml lauwarme Milch (3,5 % Fett)
50 g Butter (zimmerwarm)
125 ml Wasser
1 gestr. TL Salz
15 g Zucker
1 Ei (Größe L)

ZUM BESTREICHEN UND BESTREUEN:

2 EL Milch
1 EL Sesamsamen

PRO STÜCK:

E: 11 g, F: 9 g, Kh: 66 g, kcal: 390

1. Für den Teig Mehl in eine Rührschüssel geben und in die Mitte eine Vertiefung eindrücken. Hefe hineinbröckeln, mit etwas Milch verrühren und zugedeckt etwa 15 Minuten stehen lassen.

2. Anschließend restliche Zutaten hinzufügen und mit einem Mixer (Knethaken) zunächst kurz auf niedrigster, dann auf höchster Stufe in etwa 5 Minuten zu einem glatten Teig verarbeiten. Den Teig zugedeckt so lange an einem warmen Ort gehen lassen, bis er sich sichtbar vergrößert hat, etwa 30 Minuten.

3. Den gegangenen Teig leicht mit Mehl bestäuben, auf der leicht bemehlten Arbeitsfläche nochmals kurz verkneten, zu einer Rolle formen und in 8 gleich große Stücke schneiden. Jedes Teigstück zu einem runden, flachen Bun formen, dabei so wenig Mehl wie möglich zum Formen verwenden. Die Buns auf ein Backblech (mit Backpapier belegt) legen. Zugedeckt so lange an einem warmen Ort gehen lassen, bis sie sich sichtbar vergrößert haben, etwa 1 Stunde.

4. In der Zwischenzeit den Backofen vorheizen.
Ober-/Unterhitze: etwa 180 °C
Heißluft: etwa 160 °C

5. Die Buns mit Milch bestreichen und mit Sesam bestreuen. Das Backblech in den vorgeheizten Backofen (unteres Drittel) schieben. Die Buns **etwa 20 Minuten backen.**

6. Die Buns mit dem Backpapier auf einen Kuchenrost ziehen und darauf erkalten lassen.

TIPPS:

Die Burger-Buns in Kunststoffbeuteln aufbewahren, damit sie schön weich bleiben. Kurz vor dem Servieren waagerecht durchschneiden und leicht toasten.
Farbige Burger-Buns: Für gelbe Brötchen 1 gehäuften Teelöffel Curry (oder Kurkuma) verwenden und für schwarze Brötchen 16 g Sepiatinte (z. B. vom Fischhändler) mit in den Teig geben.

CAESAR'S SALAT

Zubereitungszeit: 30 Minuten, ohne Abkühlzeit
+ Vegetarisch

ZUTATEN FÜR 4 PORTIONEN

FÜR DIE CROÛTONS:

4 Scheiben Toastbrot
30 g Butter

FÜR DAS DRESSING:

1 Knoblauchzehe
200 g Salatmayonnaise
50 g Schlagsahne
1–2 EL frisch ger. Parmesan
1 EL Weißweinessig
Salz, gem. Pfeffer

1 Römersalat
50 g frisch gehobelter Parmesan

PRO PORTION:

E: 9 g, F: 43 g, Kh: 16 g, kcal: 490

1. Für die Croûtons Toastbrot in kleine Würfel schneiden. Butter in einer Pfanne zerlassen und die Toastbrotwürfel darin bei mittlerer Hitze hellbraun braten. Anschließend herausnehmen, auf einen Teller geben und abkühlen lassen.

2. Für das Dressing Knoblauchzehe abziehen, zusammen mit Salatmayonnaise, Sahne, Parmesan, Essig, Salz und Pfeffer in einen hohen Rührbecher geben. Die Zutaten mit einem Pürierstab pürieren. Dressing nochmals mit Salz und Pfeffer abschmecken.

3. Römersalat putzen, abspülen, in einem Sieb abtropfen lassen oder trocken schleudern. Salat in mundgerechte Stücke zupfen.

4. Salat mit Dressing beträufeln, mit gehobeltem Parmesan und den Croûtons bestreut servieren.

BEILAGE:

Frisches Baguette.

TIPP:

Anstelle von selbst gemachten Croûtons können Sie auch fertig gekaufte Croûtons aus dem Supermarkt verwenden.

CHAMPIGNONS, PROVENZALISCH

- Zubereitungszeit: 25 Minuten
  Grillzeit: 4–6 Minuten
- \+ Vegetarisch

ZUTATEN FÜR 4 PORTIONEN

16 mittelgroße Champignons
2 Knoblauchzehen
6 EL Speiseöl, z. B. Sonnenblumenöl
einige grob gehackte Rosmarinnadeln
1 TL gehackte Thymianblättchen
5 gehackte Salbeiblättchen

PRO PORTION:

E: 1 g, F: 18 g, Kh: 1 g, kcal: 179

1. Champignons putzen, evtl. kurz abspülen und trocken tupfen. Stiele herausdrehen.

2. Den Knoblauch abziehen, fein würfeln oder durch eine Presse drücken und in einer Schüssel mit Öl, Rosmarinnadeln, Thymianblättchen und Salbeiblättchen verrühren.

3. Die Champignonhüte in die Schüssel geben und gut mit der Marinade mischen. Mit der Unterseite nach oben auf den heißen Grillrost legen, 2–3 Minuten grillen, wenden, nochmals mit der Marinade bestreichen und weitere 2–3 Minuten grillen.

TIPP:

Mit der gleichen Marinade können Sie auch Zucchini und Auberginen marinieren. Dazu jeweils 1 Zucchini oder Aubergine waschen, abtrocknen und längs in Scheiben schneiden (evtl. mit der Aufschnittmaschine), mit der Marinade vermischen und 2–3 Stunden marinieren.

CHICKEN TIKKA VOM GRILL

Zubereitungszeit: 20 Minuten,
ohne Marinierzeit
Grillzeit: etwa 16 Minuten

ZUTATEN FÜR 4 PORTIONEN

6 Hähnchenschenkel (etwa 1,5–1,8 kg)
½ TL gem. Kardamom
½ TL Knoblauchpulver
½ TL gem. schwarzer Pfeffer
½ TL Cayennepfeffer
1 TL Currypulver
1 TL Rauchsalz
1 TL Tomatenmark
Saft von 1 Limette
240 g Joghurt (3,5 % Fett)
1 rote Zwiebel (etwa 80 g)

ZUSÄTZLICH:

etwas Speiseöl für den Grillrost

PRO PORTION:

E: 41 g, F: 29 g, Kh: 5 g, kcal: 442

1. Die Hähnchenschenkel im Gelenk durchtrennen und so die Keule von der Oberkeule trennen. Fleisch mit Küchenpapier abtupfen.

2. Gewürze, Tomatenmark und Limettensaft gut mit dem Joghurt verrühren.

3. Die Hähnchenteile in einer Schüssel mit der Joghurtmarinade mischen und zugedeckt im Kühlschrank 10–12 Stunden ziehen lassen.

4. Den Grill für direktes Grillen bei mittlerer Hitze (etwa 180 °C) vorbereiten und aufheizen lassen.

5. Ist die Temperatur erreicht, die Hähnchenteile aus der Marinade nehmen und überschüssige Marinade abstreichen. Den Grillrost bei Bedarf mit einer Bürste säubern und einfetten.

6. Das Fleisch auf den heißen Rost legen, Grill schließen und von jeder Seite 6–8 Minuten grillen, bis das Fleisch schön braun und durchgegart ist.

7. Zwiebel abziehen, halbieren und in feine Scheiben schneiden.

8. Hähnchenteile vom Grill nehmen auf Tellern oder einer Platte anrichten und mit den roten Zwiebeln garnieren.

BEILAGE:

Pikanter Reissalat und Naan-Brot.

TIPPS:

Die Hähnchenteile z. B. mit einigen frischen Korianderblättern garnieren.
Zum Würzen können Sie auch eine fertige Tikka-Masala-Gewürzmischung verwenden.

CHICKEN WINGS

Zubereitungszeit: 10 Minuten, ohne Marinierzeit
Grillzeit: etwa 30 Minuten

ZUTATEN FÜR 4–6 PERSONEN (JE NACH VERWENDUNGSZWECK)

18 Hühnerflügel (etwa 1 ½ kg)
2 TL Knoblauchsalz
1 TL Paprikapulver edelsüß
2 TL schwarzer Pfeffer
1 TL Cayennepfeffer
2 TL gerebelter Oregano

ZUSÄTZLICH:

etwas Speiseöl für den Grillrost

PRO PORTION:

E: 38 g, F: 41 g, Kh: 2 g, kcal: 522

1. Die Hühnerflügel mit Küchenpapier abtupfen und in eine große Schüssel geben. Restliche Zutaten vermischen und auf die Flügel streuen. Die Würzmischung gut mit den Flügeln mischen, die Flügel damit einreiben, mit Frischhaltefolie abdecken und etwa 24 Stunden in den Kühlschrank stellen.

2. Den Grill für indirektes Grillen vorbereiten, eine Auffangschale in den indirekten Bereich stellen (damit beim Grillen der Fleischsaft nicht in den Grill tropft) und auf mittlerer Hitze (etwa 180 °C) aufheizen lassen.

3. Hat sich die passende Temperatur im Grill eingestellt, den heißen Rost mit Speiseöl bestreichen. Die Hühnerflügel in eine Grillschale geben und auf den Rost legen. Den Deckel schließen und die Hühnerflügel etwa 30 Minuten grillen.

4. Sind die Flügel schön zart, können sie auf Tellern verteilt oder auf einer Platte angerichtet werden.

TIPPS:

Die gegrillten Hühnerflügel z. B. mit gedrehtem Stangenbrot (S. 190) servieren.
Wer es gern etwas rauchiger im Geschmack mag, weicht 60 g Räucherchips (Holzaroma nach Geschmack) etwa 30 Minuten in Wasser ein. Räucherchips dann in einem Sieb abtropfen lassen und vor dem Auflegen der Flügel, über die glühenden Kohlen streuen. Bei einem Gasgrill Räuchermehl in eine Räucherbox geben und auf dem Grillrost über einen aufgeheizten Brenner stellen.

REZEPTVARIANTE:

Die Chicken Wings können Sie auch mit einem **Orangen-Espresso-Rub** marinieren. Mischen Sie dazu 2 Päckchen Orangenschalen-Aroma mit 2 Teelöffeln Salz, 2 Teelöffeln geschrotetem Pfeffer, 4 Teelöffeln braunem Zucker, 2 Teelöffeln Instant-Espressopulver, 1 Teelöffel gerebeltem Thymian und 1 Teelöffel gerebelter Petersilie. Reiben Sie die Hähnchenflügel mit der Gewürzmischung ein und lassen Sie das Fleisch zugedeckt etwa 60 Minuten im Kühlschrank durchziehen. Bereiten Sie die Hähnchenflügel anschließend wie oben beschrieben zu.

COLESLAW (AMERIKANISCHER KRAUTSALAT)

● Zubereitungszeit: 20 Minuten
✚ Vegetarisch

ZUTATEN FÜR 4 PORTIONEN

1 kleiner Spitzkohl
1 gestr. EL Salz
½ EL brauner Rohrzucker
2–3 Möhren

FÜR DAS DRESSING:

200 g Schmand (Sauerrahm)
1 EL Delikatess-Mayonnaise
½ EL scharfer Senf
2 EL Weißwein- oder Apfelessig

1 Prise brauner Rohrzucker
Salz, Cayennepfeffer

PRO PORTION:

E: 4 g, F: 13 g, Kh: 15 g, kcal: 212

1. Vom Spitzkohl die äußeren welken Blätter entfernen. Kohl halbieren, abspülen, abtropfen lassen und den Strunk herausschneiden. Den Spitzkohl mit einem Küchenhobel oder einem Messer in feine Streifen schneiden und in eine Schüssel geben, mit Salz und Zucker würzen. Die Kohlstreifen mit den Händen gut weich kneten und beiseitestellen.

2. Möhren putzen, schälen, abspülen, abtropfen lassen und auf einer Küchenreibe raspeln.

3. Für das Dressing Schmand, Mayonnaise, Senf und Essig verrühren.

4. Die Spitzkohlstreifen in einem Sieb abtropfen lassen und nochmals gut mit den Händen ausdrücken.

5. Die Spitzkohlstreifen in eine Schüssel geben, mit dem Dressing und den Möhrenraspeln mischen. Coleslaw nochmals mit Zucker, Salz und Cayennepfeffer abschmecken.

TIPPS:

Um eine kräftigere süße Note in den Salat zu bringen, noch 1–2 Esslöffel Rosinen oder Cranberrys oder in Würfel geschnittene Softaprikosen oder -pflaumen mit unter den Salat mischen.
Coleslaw passt gut zu Grillfleisch oder als zusätzliche Beilage im Brötchen mit Pulled Pork (S. 156) oder mit Bratwurst.
Anstelle von 1 kleinen Spitzkohl ½ Kopf Weißkohl verwenden.
Vom amerikanischen Krautsalat gibt es viele unterschiedliche Varianten, so kann er beispielsweise mit Ananas, Himbeeressig oder Walnüssen kombiniert werden.
Coleslaw punktet nicht nur durch seinen Geschmack, sondern auch durch seine Nährstoffe. 200 g Weißkohl enthält z. B. 94 mg Vitamin C, womit der Tagesbedarf eines Erwachsenen fast abgedeckt wird. Zusätzlich besitzt er viele Ballaststoffe, die sehr sättigend sind und die Verdauung anregen.

CURRYDIP

● Zubereitungszeit: 15 Minuten
+ Vegetarisch

ZUTATEN FÜR 6 PORTIONEN

1 Eigelb (Größe M)
1–2 TL Weißweinessig oder Zitronensaft
Salz
½–1 TL mittelscharfer Senf
125 ml Speiseöl, z. B. Sonnenblumenöl
1–2 EL Currypulver
1 EL heißes Wasser
150 g Joghurt (3,5 % Fett) oder Dickmilch

INSGESAMT:

E: 10 g, F: 138 g, Kh: 14 g, kcal: 1326

1. Eigelb mit Essig oder Zitronensaft, Salz und Senf in eine Rührschüssel geben.

2. Die Zutaten mit einem Mixer (Rührstäbe) zu einer dicklichen Masse aufschlagen.

3. Öl in einem dünnen Strahl nach und nach unterschlagen (bei dieser Zubereitung ist es nicht notwendig, das Öl tröpfchenweise hinzuzugeben, die mit dem Eigelb vermengten Gewürze verhindern die Gerinnung).

4. Currypulver mit heißem Wasser verrühren. Mit Joghurt oder Dickmilch verrühren und unter die Mayonnaise rühren.

TIPP:

Für einen süßen Currydip zusätzlich noch 1–2 Esslöffel durch ein Sieb gestrichene Aprikosenkonfitüre unterrühren.

CURRYSAUCE

Zubereitungszeit: 25 Minuten
+ Vegetarisch

ZUTATEN FÜR 12–15 PORTIONEN

600 ml Wasser
1 EL Currypulver, 1 EL Zucker
1 TL Paprikapulver rosenscharf
1 TL Sambal Oelek
1 l Tomatenketchup

INSGESAMT:

E: 23 g, F: 4 g, Kh: 262 g, kcal: 1208

1. Wasser in einen Topf geben. Curry, Zucker, Paprika und Sambal Oelek hinzufügen und zum Kochen bringen.

2. Topf von der Kochstelle nehmen. Ketchup einrühren und unter ständigem Rühren bei schwacher Hitze etwas kochen lassen.

3. Die Currysauce kann sofort verwendet werden. Oder die Sauce in gründlich gereinigte, gespülte Gläser oder Flaschen füllen und fest mit Twist-off-Deckeln® verschließen.

TIPP:

Die Currysauce ist gekühlt mindestens 3–4 Monate haltbar.

ERDÄPFELKAS IN FLEISCHTOMATEN

- Zubereitungszeit: 70 Minuten
  Grillzeit: etwa 20 Minuten
- + Vegetarisch

ZUTATEN FÜR 12 PORTIONEN

2 kg mehligkochende Kartoffeln
Salz

2 Bund Petersilie
24 Fleischtomaten (4 ¼–4 ½ kg)
etwa 100 ml Speiseöl, z. B. Rapsöl
gem. Pfeffer

600 g Schmand (Sauerrahm)
ger. Muskatnuss

ZUSÄTZLICH:

Grillschalen
Alufolie

PRO PORTION:

E: 6 g, F: 21 g, Kh: 28 g, kcal: 324

1. Kartoffeln schälen, in Stücke schneiden, abspülen und knapp mit Wasser bedeckt in einem großen Topf zugedeckt zum Kochen bringen. 2 Teelöffel Salz hinzugeben und die Kartoffeln in etwa 30 Minuten gar kochen.

2. In der Zwischenzeit Petersilie abspülen, trocken tupfen und die Blättchen von den Stängeln zupfen. Die Blättchen fein schneiden.

3. Die Tomaten abspülen, abtrocknen und die Stängelansätze entfernen. Von den Tomaten jeweils einen Deckel abschneiden. Das Tomatenfleisch mit einem Teelöffel oder einem Kugelausstecher herauslösen.

4. Die ausgehöhlten Tomaten innen und außen mit dem Speiseöl einstreichen, mit Salz und Pfeffer würzen.

5. Die garen Kartoffeln abgießen und dann die Kartoffeln mit einem Stampfer zerdrücken. Petersilie und Schmand unter den Kartoffelstampf rühren. Den Erdäpfelkas mit Salz, Pfeffer und Muskat abschmecken.

6. Die ausgehöhlten Tomaten mithilfe eines Löffels mit dem Erdäpfelkas füllen. Die gefüllten Tomaten in Grillschalen (gefettet) setzen. Die Grillschalen locker mit Alufolie zudecken.

7. Die Grillschalen auf den Grillrost des heißen Grills stellen und die gefüllten Tomaten etwa 20 Minuten grillen.

TIPPS:

Die Tomatendeckel und das Tomatenfruchtfleisch zu einer Tomatensuppe oder Tomatensauce verarbeiten.
Die gefüllten Tomaten können bis einschließlich Punkt 6 etwa 3 Stunden vor dem Grillen vorbereitet werden. Oder Sie bereiten den Erdäpfelkas am Vortag zu und stellen ihn zugedeckt über Nacht in den Kühlschrank.

ERDBEER-CROISSANTS MIT HÜTTENKÄSE

- Zubereitungszeit: 5 Minuten
  Grillzeit: 2–3 Minuten
- Vegetarisch

ZUTATEN FÜR 4 PORTIONEN

4 Croissants (je etwa 65 g)
8 Erdbeeren
200 g Hüttenkäse
4 geh. TL Erdbeerkonfitüre

ZUSÄTZLICH:

etwas Öl für den Grillrost

PRO PORTION:

E: 11 g, F: 19 g, Kh: 41 g, kcal: 378

1. Die Croissants zum Füllen waagerecht halbieren. Die Croissant-Hälften mit der Schnittfläche nach oben auf die Arbeitsfläche legen.

2. Die Erdbeeren putzen, abspülen, trocken tupfen, entstielen und vierteln. Auf den unteren Hälften der Croissants jeweils ein Viertel des Hüttenkäses streichen und die Erdbeerstücke darauf verteilen.

3. Die Erdbeerkonfitüre glatt rühren. Die oberen Croissant-Hälften mit je 1 Teelöffel der Erdbeerkonfitüre bestreichen. Die Croissant-Hälften wieder zusammensetzen.

4. Die Erdbeer-Croissants auf den Grillrost (gefettet) des heißen Grills legen. Die gefüllten Croissants bei mittlerer Hitze von beiden Seiten insgesamt 2–3 Minuten grillen. Dabei die Erdbeer-Croissants einmal sehr vorsichtig wenden.

REZEPTVARIANTE:

Für **Croissants mit Nuss-Nougat-Füllung** in 6 Croissants (abgepackt, je 50 g) längs mithilfe eines Kochlöffelstieles jeweils ein tiefes Loch bohren. 200 g Nuss-Nougat längs in 6 Stangen schneiden, diese halbieren und jeweils 2 Stücke in die Croissant-Löcher schieben. Jedes Croissant in einen Bogen Alufolie einpacken. Die Croissant-Päckchen auf den Grillrost des heißen Grills legen und bei nicht zu starker Hitze 10–15 Minuten grillen. 1 Esslöffel Aprikosenkonfitüre durch ein feines Sieb streichen, mit etwas Wasser verrühren und in einem kleinen Topf unter Rühren erhitzen. Die Alufolie öffnen und die gegrillten Croissants mit der warmen Aprikosenkonfitüre bestreichen, mit jeweils 1 Esslöffel Schokoflocken und Hagelzucker bestreuen.

FELDSALAT MIT SPECK

Zubereitungszeit: 30 Minuten

ZUTATEN FÜR 4 PORTIONEN

250 g Feldsalat
100 g durchwachsener, geräucherter Speck

FÜR DIE SAUCE:

2 EL Rotweinessig
2 EL Wasser
1 Prise Zucker oder etwas Honig
Salz
gem. Pfeffer
3–5 EL Walnussöl

FÜR DIE CROÛTONS:

2 Scheiben Toastbrot
2–3 Knoblauchzehen
2 TL Butter

PRO PORTION:

E: 4 g, F: 31 g, Kh: 6 g, kcal: 330

1. Von dem Feldsalat die Wurzelenden abschneiden. Salat verlesen, mehrmals gründlich waschen und trocken schleudern.

2. Speck in kleine Würfel schneiden und in einer Pfanne ohne Fett auslassen. Speckwürfel aus dem Fett nehmen und auf Küchenpapier abtropfen lassen. Das Speckfett in der Pfanne lassen.

3. Für die Sauce Essig und Wasser mit 1 Prise Zucker oder etwas Honig, Salz und Pfeffer verrühren. Öl unterschlagen.

4. Für die Croûtons Toastbrot in kleine Würfel schneiden. Knoblauch mit der Schale leicht andrücken. Butter zu dem Speckfett in die Pfanne geben und zerlassen. Angedrückten Knoblauch mit in die Pfanne geben. Die Brotwürfel zugeben, darin knusprig braun braten und dabei mit etwas Salz und Pfeffer würzen. Knoblauch mit Schale entfernen.

5. Feldsalat und Speckwürfel mit der Sauce vermengen und mit den Croûtons bestreut servieren.

FISCH AM SPIESS MIT SALSA

Zubereitungszeit: 60 Minuten
Grillzeit: 15–20 Minuten

ZUTATEN FÜR 8 PORTIONEN

FÜR DIE SALSA:

6 Strauchtomaten (etwa 400 g)
2 Zwiebeln, 2 Knoblauchzehen
2 milde Chilischoten
2 EL Olivenöl
4 EL Weißweinessig
300 ml Tomatensaft
1 TL gerebelter oder frisch gehackter Koriander
Salz, gem. bunter Pfeffer
etwas brauner Zucker oder Honig

4 Viktoriabarschfilets (je etwa 160 g)
4 Pangasiusfilets (je etwa 160 g)
2 rote Zwiebeln (etwa 280 g)
je 1 rote und gelbe Paprikaschoten (etwa 400 g)
etwa 40 ml Zitronensaft
8 EL Olivenöl

ZUSÄTZLICH:

10 Grillspieße (z. B. Bambusspieße, über Nacht in Wasser eingelegt, oder Metallspieße)
2 große Alu-Grillschalen (ohne Löcher)

PRO PORTION:

E: 28 g, F: 15 g, Kh: 7 g, kcal: 284

1. Für die Salsa die Tomaten abspülen, abtrocknen, halbieren und die Stängelansätze herausschneiden. Tomaten in kleine Stücke schneiden.

2. Zwiebeln und Knoblauch abziehen und in dünne Scheiben schneiden. Chilischoten abspülen, trocken tupfen, halbieren, entstielen und entkernen. Chilischoten fein hacken.

3. Olivenöl in einer Pfanne erhitzen. Die Tomatenstücke, Zwiebel- und Knoblauchscheiben sowie die gehackten Chilischoten darin unter Rühren andünsten. Essig und Tomatensaft unterrühren. Das Ganze etwa 10 Minuten unter gelegentlichem Rühren köcheln lassen. Die Salsa mit Koriander, Salz und Pfeffer sowie Zucker oder Honig abschmecken.

4. In der Zwischenzeit die Fischfilets mit Küchenpapier abtupfen und jeweils in 6 gleich große Stücke schneiden, evtl. Gräten entfernen.

5. Die Zwiebeln abziehen und vierteln. Die Paprikaschoten halbieren, entstielen, entkernen und die weißen Scheidewände entfernen. Die Schoten abspülen, abtropfen lassen und in etwa 32 gleich große Stücke schneiden.

6. Abwechselnd je 6 Fischfiletstücke, 3 Zwiebelschichten und 4 Paprikastücke auf die Spieße stecken. Die Spieße nebeneinander in die beiden Grillschalen legen.

7. Zitronensaft mit Olivenöl verschlagen und die Spieße damit bestreichen. Die Spieße mit Salz und Pfeffer bestreuen.

8. Die Grillschalen auf den Grillrost des heißen Grills stellen und die Spieße 15–20 Minuten grillen, dabei die Spieße nach etwa der Hälfte der Grillzeit behutsam wenden. Die Spieße mit der Salsa servieren.

FISCHBURGER MIT WASABICREME

Zubereitungszeit: 20–25 Minuten, ohne Kühlzeit
Grillzeit: 6–8 Minuten

ZUTATEN FÜR 4 PORTIONEN

FÜR DIE WASABICREME:

200 g Salatmayonnaise
1 Tube Wasabi (43 g)
Schale und Saft von 1 Bio-Limette (unbehandelt, ungewachst)
1 EL flüssiger Honig

FÜR DIE FISCHBURGER:

etwa 750 g Lachsfilet ohne Haut und Gräten
3 Eiweiß, zu leichtem Schnee geschlagen
2 EL Fischsauce (aus dem Asialaden)
Salz
¼ TL Chiliflocken
1 rote Zwiebel
1 kleines Bund Dill
3–4 EL Semmelbrösel
2 EL Sonnenblumenöl

4 Burgerbrötchen oder Kaisersemmeln (runde Brötchen)
2 Handvoll geschnittener Salat, z. B. Eisbergsalat, Römersalat oder auch Friséesalat
370 g abgetropfte, eingelegte Rote-Bete-Scheiben
4 TL geröstete Zwiebeln

PRO PORTION:

E: 50 g, F: 77 g, Kh: 50 g, kcal: 1090

1. Für die Creme die Mayonnaise mit dem Wasabi, Schale und Saft der Zitrone sowie dem Honig glatt rühren.

2. Den Lachs mit Küchenpapier abtupfen und in 2–3 cm große Würfel schneiden. Die Lachswürfel in einer Küchenmaschine (oder in einem Fleischwolf, gröbste Scheibe) in mehreren Intervallen grob zerkleinern.

3. Das angeschlagene Eiweiß, Fischsauce, 1 Teelöffel Salz und Chiliflocken dazugeben und mit einigen weiteren Intervallen einarbeiten (Achtung: Masse soll dabei nicht zu Püree werden!).

4. Zwiebel abziehen und in kleine Würfel schneiden. Dill abspülen, trocken tupfen, die Spitzen von den Stängeln zupfen und klein schneiden. Alles aus der Küchenmaschine nehmen (Teigschaber) und Zwiebelwürfel, Dill und Semmelbrösel unter die Masse ziehen.

5. Masse eventuell mit Salz abschmecken und daraus 4 Frikadellen (etwa 2 cm dick und 9–10 cm im Durchmesser) formen. Auf ein Blech (gefettet) legen und zugedeckt 1–2 Stunden kalt stellen.

6. Frikadellen auf dem vorbereiteten Grill (direktes Grillen, mittlere Hitze, Grillrost gefettet) von jeder Seite 3–4 Minuten grillen.

7. Kurz vor Ende der Grillzeit der Fischburger die Brötchen halbieren und mit der Schnittseite nach unten schnell auf dem Grill rösten.

8. Beide gerösteten Schnittseiten mit der Wasabicreme bestreichen. Auf die untere den geschnittenen Salat geben. Fischburger und Rote-Bete-Scheiben darauf anrichten, mit gerösteten Zwiebeln bestreuen und die Oberseite auflegen. Eventuell mit einem kleinen Holzspieß fixieren und sofort servieren.

TIPP:

Die restlichen Rote-Bete-Scheiben mit etwas Senf, Essig, Honig und Oliven- oder Traubenkernöl marinieren und mit einer Handvoll klein geschnittener Minze und Basilikum bestreuen.

FISCH-DUETT AM SPIESS MIT PROVENZALISCHEN TOMATEN

- Zubereitungszeit: 60 Minuten, ohne Marinierzeit
  Grillzeit: etwa 20 Minuten
- ▲ Mit Alkohol

ZUTATEN FÜR 12 PORTIONEN (12 SPIESSE)

1 kg Zanderfilet mit Haut
1 kg Saiblingsfilet mit Haut
2 Bund Dill
1 Zitrone
gem. Pfeffer
400 ml trockener Weißwein

FÜR DIE PROVENZALISCHEN TOMATEN:

12 kleine Fleischtomaten
4 Knoblauchzehen
1 Bund gemischte Kräuter, z. B. Rosmarin, Thymian, Majoran
80 g Semmelbrösel
4 EL Olivenöl
Salz

ZUSÄTZLICH:

12 Grillspieße (z. B. Bambusspieße, etwa 20 cm lang, über Nacht in Wasser eingelegt, oder Metallspieße)
Grillschalen
Alufolie
etwa Fett für die Grillschalen

PRO PORTION:

E: 34 g, F: 9 g, Kh: 9 g, kcal: 256

1. Zander- und Saiblingsfilets mit Küchenpapier abtupfen. Fischfilets in 12 Stücke (je etwa 80 g) teilen. Die Fischstücke abwechselnd auf die Spieße stecken und in eine flache Schale legen.

2. Dill abspülen, trocken tupfen, die Spitzen abzupfen und fein schneiden. Zitrone halbieren und auspressen.

3. Die Fischspieße mit Pfeffer und Dill bestreuen, mit dem Zitronensaft beträufeln. Die Spieße mit dem Wein begießen und zugedeckt im Kühlschrank etwa 20 Minuten marinieren.

4. Für die provenzalischen Tomaten in der Zwischenzeit die Tomaten abspülen, abtropfen lassen und die Stängelansätze herausschneiden. Die Tomaten waagerecht halbieren. Die Tomatenhälften nebeneinander in Grillschalen (gefettet) setzen.

5. Knoblauch abziehen und durch eine Knoblauchpresse drücken. Die Kräuter abspülen, trocken tupfen und die Blättchen bzw. Nadeln von den Stängeln zupfen. Die Blättchen und Nadeln fein schneiden.

6. Die Semmelbrösel mit dem Knoblauch, den Kräutern und dem Olivenöl vermischen. Die Semmelbröselmasse mit Salz würzen und auf den halbierten Tomaten verteilen. Die Grillschalen locker mit Alufolie zudecken.

7. Die Fischspieße aus der Marinade nehmen, etwas abtropfen lassen, mit Salz würzen und in Grillschalen (gefettet) legen.

8. Die Grillschalen mit den Spießen und den Tomaten auf den Grillrost des heißen Grills stellen. Die Spieße und die Tomaten etwa 20 Minuten grillen, dabei die Spieße einmal wenden.

TIPP:

Die Spieße und die Tomaten können Sie 3–4 Stunden vor dem Grillen vorbereiten. Die Fischspieße dann zugedeckt in der Marinade im Kühlschrank durchziehen lassen. Die Tomaten mit der Bröselmasse ebenfalls zugedeckt in den Kühlschrank stellen.

FLANKSTEAK MIT PETERSILIEN-TOMATEN-SALSA

Zubereitungszeit: 25 Minuten
Grillzeit: etwa 5 Minuten, ohne Ruhezeit

ZUTATEN FÜR 4 PORTIONEN

FÜR DIE SALSA:

2 Zwiebeln (etwa 180 g)
2 Knoblauchzehen
6 EL Olivenöl
2 Tomaten (etwa 180 g)
1 Bund Petersilie
1 TL geschroteter Pfeffer
Salz

FÜR DAS STEAK:

1 Flanksteak (etwa 800 g)
1 EL Meersalz
2 EL Sonnenblumenöl
gem. oder geschroteter bunter Pfeffer

PRO PORTION:

E: 45 g, F: 33 g, Kh: 4 g, kcal: 498

1. Für die Salsa Zwiebeln sowie Knoblauch abziehen und in Würfel schneiden. Die Hälfte vom Olivenöl in einer Pfanne erhitzen. Zwiebel- und Knoblauchwürfel darin 3–4 Minuten anbraten. Tomaten abspülen, abtrocknen, halbieren, Stängelansätze entfernen, entkernen und das Tomatenfleisch in Würfel schneiden. Petersilie abspülen, trocken tupfen, die Blättchen von den Stängeln zupfen und fein hacken. Angebratene Zwiebel-, Knoblauch- sowie Tomatenwürfel und Petersilie mit dem Pfeffer und dem restlichen Olivenöl vermischen und mit Salz abschmecken.

2. Für das Steak das Flanksteak mit einem scharfen Messer von den dicken Fettstückchen und der Silberhaut befreien (parieren).

3. Den Grill für direktes und indirektes Grillen (2 Zonenfeuer) vorbereiten und gut aufheizen (etwa 230 °C). Für das direkte Grillen wird die Feuerwanne zu zwei Drittel mit Kohle befüllt. Das restliche Drittel bleibt ohne Kohlen für das indirekte Grillen. Beim Holzkohlegrill in den indirekten Bereich unter den Grillrost eine Auffangschale stellen.

4. Das Flanksteak mit Meersalz sowie Öl einreiben. Dann das Steak für etwa 2 ½ Minuten auf den heißen Grillrost legen (Deckel vom Grill rasch schließen) und angrillen. Steak umdrehen und weitere 2–2 ½ Minuten mit geschlossenem Deckel grillen. Dann das Fleisch in den indirekten Bereich legen und nochmals etwa 5 Minuten (Deckel geschlossen) nachziehen lassen.

5. Das Fleisch vom Grill nehmen, mit Pfeffer würzen und vor dem Anschneiden noch einige Minuten ruhen lassen.

6. Das fertig gegrillte Flanksteak quer zur Faser in dünne Scheiben (Tranchen) schneiden, bei Bedarf nochmals mit etwas Meersalz und grobem Pfeffer würzen, die Petersiliensalsa darübergeben und servieren.

BEILAGE:

Knuspriges Baguette oder Parisiennebrot.

TIPPS:

Das Flanksteak beim Metzger des Vertrauens vorbestellen.
Das Fleisch 2–3 Stunden vor dem Grillen aus dem Kühlschrank nehmen. Es sollte Zimmertemperatur annehmen (temperieren).
Man kann das Fleisch auch rautenförmig hauchfein an der Oberfläche einritzen. So kann das Salz beim Würzen besser einziehen. Außerdem vergrößert sich die Oberfläche des Fleisches und es entstehen mehr Röststoffe beim Angrillen auf dem Fleisch.
Es empfiehlt sich, mit einem Kerntemperaturfühler zu arbeiten. Das Fleisch sollte hier eine Kerntemperatur von 54–56 °C haben.

FOLIENKARTOFFELN MIT ZIEGENFRISCHKÄSE

Zubereitungszeit: 10 Minuten
Grillzeit: 20–30 Minuten

+ Vegetarisch

ZUTATEN FÜR 4 PORTIONEN

2 Knoblauchzehen
6 EL Olivenöl
½ TL Paprikapulver edelsüß
4 große Kartoffeln
2 rote Zwiebeln
Salz
gem. Pfeffer
150 g Ziegenfrischkäse

ZUSÄTZLICH:

4 Stücke Alufolie, etwa 30 x 20 cm

PRO PORTION:

E: 7 g, F: 20 g, Kh: 27 g, kcal: 322

1. Knoblauch abziehen und durch eine Knoblauchpresse drücken. Öl in einer ausreichend großen Schüssel mit dem Knoblauch und Paprikapulver verrühren.

2. Kartoffeln unter fließendem kalten Wasser abbürsten und gut abtropfen lassen, gegebenenfalls schälen, längs achteln und zum Knoblauch-Paprika-Öl geben.

3. Marinierte Kartoffelspalten (8 Stück) nebeneinander auf eine Alufolie legen. Mit Salz und Pfeffer würzen und mit dem restlichen Öl aus der Schüssel beträufeln.

4. Zwiebel abziehen und in Ringe schneiden. Zwiebelringe auf die Kartoffelspalten legen und den Ziegenfrischkäse mit einer groben Reibe darüber hobeln.

5. Dann die Folie jeweils gut verschließen und auf dem Grill bei mittlerer Hitze 20–30 Minuten garen.

FORELLEN AUS DEM GRILLKORB

Zubereitungszeit: 40 Minuten
Grillzeit: 15–20 Minuten

ZUTATEN FÜR 8 PORTIONEN

8 küchenfertige Forellen (je etwa 300 g)
Salz
gem. Pfeffer

FÜR DIE FÜLLUNG:

4 kleine Fenchelknollen (je etwa 200 g)
80 g Butter
2 Bund Dill
2–3 Bio-Orangen (unbehandelt, ungewachst)

ZUSÄTZLICH:

Grillkörbe für Fisch oder Küchengarn
ggf. etwas Fett für die Grillkörbe

PRO PORTION:

E: 62 g, F: 17 g, Kh: 10 g, kcal: 486

1. Forellen innen und außen mit Küchenpapier abtupfen. Forellen innen und außen mit Salz und Pfeffer würzen.

2. Für die Füllung die Stiele von den Fenchelknollen dicht oberhalb der Knollen abschneiden. Braune Stellen und Blätter entfernen. Die Wurzelenden gerade schneiden. Die Knollen waschen, halbieren, Strunk keilförmig herausschneiden und den Fenchel in dünne Scheiben schneiden. Scheiben halbieren.

3. Butter in einem Topf zerlassen. Die halbierten Fenchelscheiben darin andünsten. Mit Salz und Pfeffer würzen. Dill abspülen und trocken tupfen. Die Spitzen von den Stängeln zupfen, Spitzen klein schneiden und unter den Fenchel heben.

4. Orangen heiß abwaschen, gut mit Küchenpapier abreiben, halbieren und in Scheiben schneiden.

5. Vorbereiteten Fenchel und Orangenscheiben in den Bauchhöhlen der Forellen verteilen. Jeweils 1–2 Forellen (je nach Größe des Grillkorbs) in einen Grillkorb (leicht gefettet) einspannen oder die Forellen mit Küchengarn umwickeln und auf dem heißen Grill 15–20 Minuten bei mehrmaligem Wenden grillen, bis die Haut schön knusprig ist. Sobald sich die Rückenflosse ohne Widerstand herausziehen lässt, ist die Forelle gar. Die restlichen Forellen auf die gleiche Art auf dem Grill zubereiten.

BEILAGE:

Bunt gemischter Blattsalat und/oder Grillkartoffeln mit Sauerrahm.

FRENCH-DRESSING

(IM FOTO RECHTS)

- Zubereitungszeit: 10 Minuten
- Vegetarisch

ZUTATEN FÜR 4 PORTIONEN

2–3 EL Weißweinessig
1 EL mittelscharfer Senf
Salz, gem. Pfeffer, Zucker
6–8 EL Olivenöl

INSGESAMT:

E: 1 g, F: 71 g, Kh: 6 g, kcal: 660

1. Essig und Senf in eine Schüssel geben und mit einem Schneebesen verrühren. Mit Salz, Pfeffer und Zucker würzen.

2. Olivenöl esslöffelweise hinzugeben und mit einem Schneebesen unterschlagen. Dressing mit Salz und Pfeffer abschmecken.

REZEPTVARIANTE:

Für eine **Zwiebel-Vinaigrette** (im Foto links) 1 rote Zwiebel abziehen und klein würfeln. 4 Cornichons (kleine Gewürzgurken, aus dem Glas) erst längs in Scheiben, dann in kleine Würfel schneiden. ½ Bund Petersilie abspülen und trocken tupfen. Die Blättchen von den Stängeln zupfen und klein schneiden. Die Zwiebelwürfel in eine Schüssel geben. 2–3 Esslöffel Weißweinessig und 1 Teelöffel mittelscharfen Senf dazugeben, mit einem Schneebesen unterrühren, mit Salz, frisch gemahlenem Pfeffer und 1 Prise Zucker würzen. 6 Esslöffel Speiseöl (z. B. Olivenöl) esslöffelweise dazugeben und unterrühren. Cornichonwürfel und Petersilie in die Sauce geben und unterrühren. Die Vinaigrette nochmals mit Salz und Pfeffer abschmecken.

FRIKADELLEN

Zubereitungszeit: 25 Minuten

ZUTATEN FÜR 16–20 FRIKADELLEN

2 Brötchen (vom Vortag)
4 Zwiebeln
1,2 kg Gehacktes
(halb Rind-, halb Schweinefleisch)
3 Eier (Größe M)
Salz, gem. Pfeffer
Paprikapulver edelsüß
80 g Butterschmalz oder 8 EL Speiseöl

PRO FRIKADELLE:

E: 32 g, F: 48 g, Kh: 8 g, kcal: 632

1. Brötchen in kaltem Wasser einweichen. Zwiebeln abziehen und fein würfeln.

2. Gehacktes in eine Schüssel geben, mit ausgedrückten Brötchen, Zwiebelwürfeln und Eiern gut vermengen. Mit Salz, Pfeffer und Paprika würzen.

3. Aus der Fleischmasse mit angefeuchteten Händen 16–20 Frikadellen formen.

4. Butterschmalz oder Öl in der Pfanne erhitzen. Die Frikadellen darin von beiden Seiten unter gelegentlichem Wenden bei mittlerer Hitze etwa 10 Minuten braun braten.

TIPP:

Wer mag, dünstet die Zwiebelwürfel vorab in 2–3 Esslöffeln Speiseöl. Anschließend Zwiebelwürfel herausnehmen, auf Küchenpapier abtropfen und kurz abkühlen lassen. Zwiebelwürfel unter die Fleischmasse rühren – die Frikadellen lassen sich so besonders gut formen.

REZEPTVARIANTE:

Wer mag knetet unter die Fleischmasse Oliven, gehackte Kräuter (Schnittlauch, Petersilie), Mozzarella- oder Paprikawürfel.

GARNELEN AM SPIESS

Zubereitungszeit: 50 Minuten, ohne Auftau- und Durchziehzeit
Grillzeit: 8–10 Minuten

ZUTATEN FÜR 8–10 PORTIONEN

50 TK-Garnelen ohne Schale, mittlere Größe (3 Pck. je 200 g)
10 kleine Schalotten
10 Frühlingszwiebeln (2 Bund, je etwa 120 g)
30 Scheiben Frühstücksspeck (je etwa 20 g)
grob gem. bunter Pfeffer
6 EL Olivenöl

FÜR DEN DIP:

400 g Salatmayonnaise
2 EL mittelscharfer Senf
Salz, gem. Pfeffer
6 Knoblauchzehen

ZUSÄTZLICH:

10 Holz- oder Metallspieße

PRO PORTION:

E: 23 g, F: 99 g, Kh: 8 g, kcal: 1055

1. Garnelen nach Packungsanleitung auftauen lassen, evtl. den Darm entfernen. Garnelen mit Küchenpapier abtupfen.

2. Schalotten abziehen und längs halbieren. Frühlingszwiebeln putzen, abspülen, abtropfen lassen. Den grünen Teil in dünne Scheiben bzw. Röllchen schneiden und beiseitestellen. Den weißen Teil in etwa 3 cm lange Stücke schneiden. Den Frühstücksspeck zu Röllchen formen.

3. Abwechselnd Garnelen, Schalotten, Frühlingszwiebelstücke (weißer Teil) und Speckröllchen auf Holz- oder Metallspieße stecken (je Spieß 5 Garnelen, 2 Schalottenhälften, 3 Zwiebelstückchen, 3 Speckröllchen).

4. Die Spieße in eine flache Schale legen, mit buntem Pfeffer würzen und mit Öl beträufeln.

5. Für den Dip Mayonnaise und Senf verrühren. Mit Salz und Pfeffer würzen. Knoblauchzehen abziehen und durch eine Knoblauchpresse drücken. Knoblauch und beiseitegestellte grüne Frühlingszwiebelscheiben unterrühren.

6. Die Garnelenspieße auf dem heißen Grill unter gelegentlichem Wenden 8–10 Minuten grillen. Die Garnelenspieße mit dem Dip servieren.

TIPPS:

Verwenden Sie für die Spieße größere Garnelen. Garnelen ist ein Sammelbegriff für unterschiedliche Krebstiere. Weitere Bezeichnungen sind u. a.: Shrimps, Gambas, Gamberi und Crevetten.

GARNELEN MIT SHERRYSAUCE

- Zubereitungszeit: 20 Minuten
  Grillzeit: 5–6 Minuten
- ▲ Mit Alkohol

ZUTATEN FÜR 4 PORTIONEN

16 Garnelen mit Kopf und Schale (etwa 1,2 kg, frisch oder TK)
30 g Butter (zimmerwarm)

FÜR DIE SHERRYSAUCE:

125 g Schlagsahne
1 geh. TL Sahnesteif
2 geh. EL Salatmayonnaise
3 EL Sherry
Salz
Cayennepfeffer
Zucker oder Honig
Zitronensaft

PRO PORTION:

E: 89 g, F: 9 g, Kh: 2 g, kcal: 136

1. Für die Sauce Sahne mit Sahnesteif steif schlagen. Mayonnaise und Sherry vorsichtig unterschlagen. Die Sauce mit Salz, Cayennepfeffer, Zucker oder Honig und Zitronensaft würzen.

2. Die Garnelen bleiben besonders saftig, wenn man sie mit der Schale grillt. Dafür die Garnelen nur mit Küchenpapier abtupfen. Die TK-Garnelen nach Packungsangabe auftauen und trocken tupfen.

3. Die Garnelen auf den heißen Grill (Grillrost gefettet) legen. Garnelen mit der Hälfte der Butter bestreichen und unter mehrmaligem Wenden etwa 5–6 Minuten grillen. Die Garnelen nach etwa 3 Minuten Grillzeit mit der restlichen Butter bestreichen.

4. Die Garnelen mit der Sauce servieren.

BEILAGE:

Baguette oder Bauernbrot.

TIPPS:

Wer seinen Gästen das Schälen der Garnelen abnehmen möchte, bereitet die Garnelen wie folgt vor: Zunächst den Kopf entfernen. Dafür einfach den Kopf mit der Hand fassen und mit einer leichten Drehung ablösen. Die Schale vom Schwanzteil am Bauch aufbrechen und rundherum abziehen. Zum Entfernen des Darms, den Rücken der Garnele längs mit einem kleinen, scharfen Messer etwa 1 mm tief einschneiden, den Darm mit der Messerspitze anheben und herausziehen. Bei Bedarf die ausgelösten Garnelenschwänze mit Küchenpapier abtupfen. Die Garzeit verkürzt sich bei den geschälten Garnelen um etwa 1 Minute.
Die Sahne in der Sauce kann durch 200 g Joghurt (3,5 % Fett) ersetzt werden. Dann beim Abschmecken weniger Zitronensaft verwenden.

GARNELEN-GEMÜSE-RÖLLCHEN

Zubereitungszeit: 20 Minuten, ohne Auftau- und Marinierzeit
Grillzeit: etwa 6 Minuten

ZUTATEN FÜR 12 STÜCK

16 frische oder TK-Riesengarnelen ohne Schale

FÜR DIE MARINADE:

2 Knoblauchzehen
1 kleine, rote Peperoni
2 EL Zitronensaft
Salz
gem. Pfeffer
3 EL Olivenöl

1 kleine Zucchini
½ kleine Aubergine
2 EL Olivenöl

ZUSÄTZLICH:

12 Holzspießchen

PRO STÜCK:

E: 1 g, F: 6 g, Kh: 1 g, kcal: 65

1. Von den Riesengarnelen (TK-Garnelen vorher nach Packungsanleitung auftauen lassen) den Darm entfernen. Die Garnelen mit Küchenpapier abtupfen.

2. Für die Marinade Knoblauchzehen abziehen und durch eine Knoblauchpresse drücken oder sehr fein hacken. Peperoni halbieren, entkernen, waschen, abtropfen lassen und in feine Würfel schneiden. Die beiden Zutaten mit Zitronensaft, Salz, Pfeffer und Olivenöl verrühren.

3. Die Riesengarnelen in der Marinade etwa 30 Minuten durchziehen lassen.

4. Die Zucchini und Aubergine putzen, waschen, abtrocknen, die Enden abschneiden und mit einem breiten Sparschäler längs in dünne Scheiben schneiden.

5. Die Garnelen aus der Marinade nehmen, trocken tupfen, jeweils 1 Garnele auf einen Gemüsestreifen legen, zusammenrollen und mit einem Holzspießchen feststecken.

6. Die Garnelen-Gemüse-Röllchen mit Olivenöl bestreichen, auf den heißen Grill legen und unter mehrmaligem Wenden von jeder Seite etwa 3 Minuten grillen.

GARNELEN-LIMETTEN-SPIESSE

Zubereitungszeit: 30 Minuten, ohne Auftau- und Marinierzeit
Grillzeit: etwa 6 Minuten

ZUTATEN FÜR 4 PORTIONEN

20 TK-Riesengarnelen ohne Schale

FÜR DIE MARINADE:

1 kleiner Topf Basilikum
2 Knoblauchzehen
Saft von 1 Limette
Salz
gem. Pfeffer
3 EL Olivenöl

2 Bio-Limetten (unbehandelt, ungewachst)

ZUSÄTZLICH:

8 Holz- oder Metallspieße

PRO PORTION:

E: 5 g, F: 2 g, Kh: 1 g, kcal: 46

1. Garnelen nach Packungsanleitung auftauen lassen, evtl. den Darm entfernen. Garnelen mit Küchenpapier abtupfen und in eine flache Schale legen.

2. Für die Marinade Basilikum abspülen und trocken tupfen. Die Blättchen von den Stängeln zupfen. Blättchen in feine Streifen schneiden. Knoblauchzehen abziehen und anschließend durch die Knoblauchpresse drücken.

3. Limettensaft, Salz, Pfeffer, Olivenöl, Basilikum und Knoblauch gut verrühren. Die Garnelen mit der Marinade übergießen und mit Frischhaltefolie zugedeckt 3–4 Stunden im Kühlschrank durchziehen lassen.

4. Limetten heiß abwaschen, trocken tupfen, halbieren und in Scheiben schneiden. Limettenscheiben abwechselnd mit den Garnelen auf Holz- oder Metallspieße stecken.

5. Die Garnelen-Limetten-Spieße auf den heißen Grill legen und von jeder Seite etwa 3 Minuten grillen. Mit Pfeffer bestreut servieren.

BEILAGE:

Ciabattabrot.

TIPPS:

Die Garnelenspieße können auch zu grünen Blattsalaten oder zu verschiedenen Reisgerichten serviert werden.
Achten Sie beim Kauf von Fisch und Meeresfrüchten auf die Siegel von MSC, ASC oder verwenden Sie Bio-Produkte.

GARNELEN-SATÉS

● Zubereitungszeit: 35 Minuten, ohne Auftau- und Marinierzeit
Grillzeit: etwa 4 Minuten

ZUTATEN FÜR 4–6 PORTIONEN

24 große Garnelen, geschält, entdarmt (frisch oder TK, etwa 700 g)

FÜR DIE MARINADE:

2–3 Knoblauchzehen
60 ml Ketjap Manis (süße Sojasauce)
½ EL gem. Koriander
1 Msp. Paprikapulver rosenscharf
1 Msp. Rauchsalz
Saft von ½ Limette
2 EL brauner Zucker
3 EL Sonnenblumenöl

ZUSÄTZLICH:

12 mittellange Satéholzspieße (über Nacht in Wasser eingelegt)

PRO PORTION:

E: 34 g, F: 10 g, Kh: 9 g, kcal: 264

1. Wenn TK-Garnelen verwendet werden, diese nach Packungsangabe auftauen lassen und mit Küchenpapier abtupfen.

2. Für die Marinade Knoblauch abziehen und durch eine Knoblauchpresse drücken. Knoblauch in einer Schüssel mit Ketjap Manis, Koriander, Paprikapulver, Rauchsalz, Limettensaft, Zucker und der Hälfte des Sonnenblumenöls verrühren, bis sich der Zucker aufgelöst hat.

3. Die Garnelen in die Marinade geben, mischen und zugedeckt im Kühlschrank etwa 1 Stunde ziehen lassen.

4. Die Garnelen aus der Marinade nehmen und gut abtropfen lassen. Jeweils 2 Garnelen flach auf einen Satéspieß stecken.

5. Den Grill für direktes Grillen vorbereiten (etwa 160 °C). Den Grillrost mit dem restlichen Öl bestreichen, Spieße auf den Grillrost legen und bei mittlerer Hitze von jeder Seite etwa 2 Minuten grillen, bis die Garnelen von außen schön braun und von innen fest und weiß sind.

TIPPS:

Die Spieße z. B. mit einer pikanten Erdnusssauce servieren. Hierfür 3 Esslöffel Erdnussbutter, 2 Esslöffel Sojasauce, 2 Esslöffel Orangensaft, ½ Esslöffel Sambal Oelek und 2 Esslöffel Joghurt verrühren.
Achten Sie beim Kauf der Garnelen auf die Siegel von MSC, ASC oder Bio-Produkten.

GEFLÜGEL-KEBAB

Zubereitungszeit: 90 Minuten, ohne Durchziehzeit
Grillzeit: etwa 15 Minuten

ZUTATEN FÜR 8–10 PORTIONEN

1 ½ kg Geflügelhackfleisch (beim Metzger vorbestellen)
150 g Joghurt
1 EL ger. Meerrettich
1 EL mittelscharfer Senf
3 Eier (Größe M)
Salz, gem. Pfeffer
9 mittelgroße Zwiebeln (etwa 600 g)

3 EL Speiseöl, z. B. Sonnenblumenöl

ZUSÄTZLICH:

10 Holz- oder Metallspieße

PRO PORTION:

E: 49 g, F: 8 g, Kh: 6 g, kcal: 302

1. Geflügelhackfleisch mit Joghurt, Meerrettich, Senf und den Eiern vermengen. Mit Salz und Pfeffer kräftig würzen.

2. Aus der Fleischmasse mit angefeuchteten Händen etwa 40 Bällchen formen. Zwiebeln abziehen und vierteln.

3. Fleischbällchen und Zwiebelviertel abwechselnd auf Spieße stecken (je Spieß 4 Fleischbällchen und 3 Zwiebelviertel).

4. Die Spieße in eine flache Schale legen und mit Öl beträufeln. Spieße mit Frischhaltefolie zugedeckt etwa 20 Minuten im Kühlschrank durchziehen lassen.

5. Die Geflügelspieße auf dem heißen Grill unter mehrmaligem Wenden etwa 15 Minuten grillen.

TIPPS:

Servieren Sie die Spieße mit einem Dip, z. B. mit Cocktailsauce, die mit Meerrettich verfeinert ist, oder mit einem Kräuterquark, unter den man noch frisch gepressten Knoblauch rührt.

GEFLÜGELLEBER IN DER SPECKHÜLLE

Zubereitungszeit: 65 Minuten, ohne Marinierzeit
Grillzeit: etwa 10 Minuten

ZUTATEN FÜR 8–10 PORTIONEN

40 Stück Geflügelleber (etwa 1 ½ kg)
40 Scheiben Bacon (Frühstücksspeck, je etwa 20 g)

FÜR DIE MARINADE:

90 g grüne Oliven, ohne Stein (aus dem Glas)
1 TL gem. Kümmelsamen
1 TL Paprikapulver edelsüß
100 ml Olivenöl

ZUM BESTREUEN:

grob gem. bunter Pfeffer

ZUSÄTZLICH:

10 Holz- oder Metallspieße

PRO PORTION:

E: 9 g, F: 79 g, Kh: 1 g, kcal: 1054

1. Geflügelleber mit Küchenpapier abtupfen. Jeweils 1 Stück Geflügelleber mit je 1 Scheibe Frühstücksspeck umwickeln und auf die Spieße stecken (je Spieß und Portion 4 Stück).

2. Für die Marinade Oliven in einem Sieb abtropfen lassen. Oliven sehr klein schneiden oder mit einem Pürierstab pürieren, mit Kümmel und Paprika mischen. Olivenöl unterrühren.

3. Die Geflügelleberspieße in eine flache Schale legen und mit Pfeffer bestreuen. Die Marinade auf den Spießen verteilen. Mit Frischhaltefolie zugedeckt im Kühlschrank über Nacht durchziehen lassen.

4. Die Geflügelleberspieße aus der Marinade nehmen und auf Küchenpapier abtropfen lassen.

5. Die Spieße auf den heißen Grill legen und unter gelegentlichem Wenden etwa 10 Minuten grillen.

TIPPS:

Die Geflügelleber-Spieße lassen sich sehr gut vorbereiten.
Falls Sie Holzspieße für das Gericht verwenden, legen Sie diese vorher in Wasser ein. So fangen die Spieße beim Grillen nicht so schnell an zu brennen.

GEGRILLTE PIZZA (GRUNDTEIG UND PIZZASAUCE)

- Zubereitungszeit: 45 Minuten
  Teiggehzeit: 2 3/4–3 Stunden
  Grillzeit: 8–12 Minuten

ZUTATEN FÜR 6 PIZZEN (Ø ETWA 22 CM)

FÜR DEN GRUNDTEIG:

600 g Weizenmehl (Type 550)
1 Pck. Trockenbackhefe (oder 21 g frische Hefe)
300 ml warmes Wasser
1 geh. EL Salz
½ EL Zucker
4 EL Olivenöl

ZUTATEN FÜR DIE PIZZASAUCE:

400 g passierte Tomaten (aus der Dose)
1 TL gerebelter Oregano oder Basilikum
1–2 EL Olivenöl
1 Prise Zucker
Salz
gem. Pfeffer

ZUSÄTZLICH:

1 Pizzastein für den Grill (Ø mind. 22 cm)
1 flache Tortenplatte oder 1 Pizzaschieber

1. Für den Grundteig Mehl in eine Rührschüssel geben und mit Trockenbackhefe sorgfältig vermischen. Wasser, Salz, Zucker, Olivenöl hinzufügen. Die Zutaten mit einem Mixer (Knethaken) zunächst kurz auf niedrigster, dann den Teig 5–6 Minuten auf mittlerer Stufe kneten, bis ein geschmeidiger Teig entsteht. Den Teig kurz aus der Rührschüssel nehmen, zu einer Kugel formen und wieder in die Rührschüssel zurückgeben. Den Teig mit einem Geschirrtuch zugedeckt an einem warmen Ort so lange gehen lassen, bis sich der Teig sichtbar vergrößert hat (1½–2 Stunden).

2. Den Teig in 6 gleich große Portionen teilen und die einzelnen Portionen zu Kugeln formen. Die Kugeln mit einem Geschirrtuch oder mit Frischhaltefolie zugedeckt noch einmal 45–60 Minuten gehen lassen.

3. Für die Pizzasauce die passierten Tomaten in einer Schüssel mit den Kräutern und dem Olivenöl verrühren. Sauce mit Zucker sowie Salz und Pfeffer abschmecken.

4. Den Grill für indirektes Grillen mit möglichst hoher Temperatur (250–300 °C) vorbereiten. Den Pizzastein mittig auf den Grillrost legen und mindestens 10–15 Minuten warten, bis sich der Stein aufgeheizt hat.

5. Die Teigkugeln nacheinander auf einer gut bemehlten Arbeitsfläche auf die Größe des Pizzasteins ausrollen und z. B. wie auf S. 60/61 beschrieben belegen.

6. Die erste Pizza (z. B. mit einer flachen Tortenplatte oder einem Pizzaschieber) auf dem Pizzastein ablegen und den Deckel des Grills schließen. Die Pizza 8–12 Minuten backen. Die Pizza bei Bedarf nach der Hälfte der Backzeit um 180 °C drehen, damit sie rundherum gleichmäßig bräunt. Die fertige Pizza vom Stein nehmen, in portionsgroße Stücke schneiden und servieren. Mit den übrigen Pizzen auf die gleiche Weise verfahren.

TIPPS:

Indirektes Grillen: Fügen Sie zusätzlich einige kleine Holzscheite hinzu, um mehr Hitze und das Aroma eines Pizzaofens mit Holzfeuer zu bekommen. Der Rauchabzug/die Lüftung (offen) vom Deckel sollte dabei über der kohlefreien Zone sein. Die Zuluft unten sollte ganz geöffnet sein.
Pizza können Sie auch auf einem Gasgrill zubereiten. Dafür alle Gasflammen auf höchste Stufe stellen (280–300 °C) und Pizza jeweils etwa 7 Minuten backen. Hier muss sie nicht nach der Hälfte der Backzeit um 180° gedreht werden.

GEGRILLTE PIZZA (6 VERSCHIEDENE BELÄGE)

PIZZA MARGHERITA (FOTO S. 58):

1/6 von der Pizzasauce
etwa 35 g ger. Pizzakäse
1/3 Mozzarellakugel,
in dünne Scheiben geschnitten
5–6 Cherrytomaten, Mix (etwa 50–60 g),
halbiert oder in 3 Scheiben geschnitten
12 kleine Basilikumblätter

PRO PORTION:

E: 27 g, F: 30 g, Kh: 75 g, kcal: 693

Pizzasauce gleichmäßig auf der ausgerollten Teigfläche verteilen. Dabei rundherum einen kleinen Rand frei lassen. Pizzakäse auf der Sauce verteilen. Dann die Pizza nacheinander mit dem vorbereiteten Mozzarellascheiben und Cherrytomaten belegen. Pizza wie unter Punkt 6 auf S. 59 beschrieben im Grill backen. Nach dem Backen mit Basilikumblättern garnieren.

PIZZA ITALIANA:

1/6 von der Pizzasauce
etwa 35 g ger. Pizzakäse
1/3 Mozzarellakugel, in kleine Stücke gezupft
30 g halbgetrocknete Tomaten, grob gehackt
4 abgetropfte Oliven, in Scheiben geschnitten
1 Prise gerebelter Oregano

PRO PORTION:

E: 30 g, F: 32 g, Kh: 84 g, kcal: 757

Pizzasauce gleichmäßig auf der ausgerollten Teigfläche verteilen. Dabei rundherum einen kleinen Rand frei lassen. Pizzakäse auf der Sauce verteilen. Dann die Pizza nacheinander mit dem Mozzarella, den Tomaten und Oliven bestreuen. Pizza wie unter Punkt 6 auf S. 59 beschrieben im Grill backen. Nach dem Backen mit Oregano bestreuen.

PIZZA SALAMI:

1/6 von der Pizzasauce
etwa 35 g ger. Pizzakäse
6 Scheiben Salami
1 Prise gerebelter Oregano

PRO PORTION:

E: 23 g, F: 26 g, Kh: 74 g, kcal: 645

Pizzasauce gleichmäßig auf der ausgerollten Teigfläche verteilen. Dabei rundherum einen kleinen Rand frei lassen. Pizzakäse auf der Sauce verteilen. Dann die Pizza mit den Salamischeiben belegen, 5 außen, 1 in die Mitte. Pizza wie unter Punkt 6 auf S. 59 beschrieben im Grill backen. Nach dem Backen mit Oregano bestreuen.

PIZZA CAPRI:

1/6 von der Pizzasauce
etwa 35 g ger. Pizzakäse
1/2 Dose Thunfisch, gut abgetropft und zerrupft
1/4 rote Zwiebel, abgezogen,
halbiert und in Scheiben geschnitten
1 Prise gerebelter Oregano

PRO PORTION:

E: 31 g, F: 32 g, Kh: 75 g, kcal: 723

Pizzasauce gleichmäßig auf der ausgerollten Teigfläche verteilen. Dabei rundherum einen kleinen Rand frei lassen. Pizzakäse auf der Sauce verteilen. Dann die Pizza nacheinander mit dem Thunfisch und der Zwiebel belegen. Pizza wie unter Punkt 6 auf S. 59 beschrieben im Grill backen. Nach dem Backen mit Oregano bestreuen.

PIZZA AMORE MIO (FOTO OBEN):

1/6 von der Pizzasauce
etwa 35 g ger. Pizzakäse
4 Scheiben Chorizo (etwa 20 g)
einige Blätter Rucola (Rauke)
1/3 Mozzarellakugel, in kleine Stücke gezupft
1 mittelgroße Tomate,
entkernt und in Würfel geschnitten

PRO PORTION:

E: 30 g, F: 35 g, Kh: 76 g, kcal: 757

Pizzasauce gleichmäßig auf der ausgerollten Teigfläche verteilen. Dabei rundherum einen kleinen Rand frei lassen. Pizzakäse auf der Sauce verteilen. Chorizoscheiben auf dem Käse verteilen. Pizza wie unter Punkt 6 auf S. 59 beschrieben im Grill backen. Nach dem Backen die Pizza nacheinander mit dem vorbereiteten Rucola, Mozzarella und den Tomatenwürfeln bestreuen.

PIZZA PUTTANESCA:

1/6 von der Pizzasauce
etwa 35 g ger. Pizzakäse
4–6 Sardellenfilets, abgetropft
1 geh. EL Olivenringe, abgetropft
10–12 kleine Kapern, abgetropft
evtl. einige Chiliflocken
1 Prise gerebelter Oregano

PRO PORTION:

E: 22 g, F: 23 g, Kh: 74 g, kcal: 603

Pizzasauce gleichmäßig auf der ausgerollten Teigfläche verteilen. Dabei rundherum einen kleinen Rand frei lassen. Pizzakäse auf der Sauce verteilen. Dann die Pizza nacheinander mit den Sardellenfilets, Oliven, Kapern und bei Bedarf mit Chiliflocken belegen. Pizza wie unter Punkt 6 auf S. 59 beschrieben im Grill backen. Nach dem Backen mit Oregano bestreuen.

GEMÜSE-BAGUETTE

Zubereitungszeit: 20 Minuten
+ Vegetarisch

ZUTATEN FÜR 2 PORTIONEN

je 1 rote und gelbe Paprikaschote
4 EL Olivenöl
2 Stängel Thymian
Salz, gem. Pfeffer
etwas Balsamico-Essig
2 Baguettebrötchen
1 Knoblauchzehe

PRO PORTION:

E: 6 g, F: 21 g, Kh: 40 g, kcal: 379

1. Paprika halbieren, entstielen, entkernen und die weißen Scheidewände entfernen. Schoten waschen, abtropfen lassen und vierteln. 2 Esslöffel von dem Öl in einer Pfanne erhitzen und die Paprika darin anbraten.

2. Thymian abspülen, trocken tupfen, die Blättchen von den Stängeln zupfen und Blättchen fein hacken.

3. Gehackten Thymian zu der Paprika geben, mit Salz, Pfeffer und etwas Balsamico-Essig abschmecken. Paprika aus der Pfanne nehmen und etwas abkühlen lassen.

4. Nochmals 1 Esslöffel von dem Öl in einer Pfanne erhitzen. Die Brötchen halbieren und die Schnittflächen im Öl goldbraun rösten.

5. Knoblauch abziehen und die noch heißen Schnittflächen der Brötchen mit Knoblauch abreiben.

6. Das Paprikagemüse auf den unteren Brötchenhälften verteilen, das restliche Olivenöl darüberträufeln und danach die obere Brötchenhälfte darauflegen.

TIPP:

Nachdem man die unteren Brötchenhälften mit Paprika belegt hat, etwas in Würfel geschnittenen Schafskäse darauf verteilen.

GEMÜSESALAT VOM GRILL

- Zubereitungszeit: 45 Minuten
  Grillzeit: etwa 10 Minuten
- Vegetarisch

ZUTATEN FÜR 12 PORTIONEN

je 3 rote, gelbe und grüne Paprikaschoten
12 Tomaten
3 Zucchini
3 kleine Auberginen
1–2 Töpfe Basilikum

FÜR DAS DRESSING:

etwa 125 ml Balsamico-Essig
etwa 175 ml Olivenöl
Salz, gem. Pfeffer
Zucker

ZUSÄTZLICH:

etwas Olivenöl zum Beträufeln
etwas Fett für den Grillrost

PRO PORTION:

E: 4 g, F: 18 g, Kh: 13 g, kcal: 231

1. Die Paprikaschoten halbieren, entstielen und die weißen Scheidewände entfernen. Schoten abspülen, abtropfen lassen, eventuell grob schälen und vierteln.

2. Tomaten abspülen, abtrocknen, halbieren und die Stängelansätze herausschneiden.

3. Zucchini und Auberginen abspülen, abtrocknen, die Enden bzw. Stängelansätze abschneiden und Zucchini und Auberginen in etwa 1 cm dicke Scheiben schneiden.

4. Basilikum abspülen, trocken tupfen und die Blättchen von den Stängeln zupfen.

5. Für das Dressing Balsamico-Essig mit Olivenöl verschlagen, mit Salz, Pfeffer und Zucker würzen.

6. Paprikaschotenviertel, Tomatenhälften, Zucchini- und Auberginenscheiben mit etwas Olivenöl beträufeln bzw. einstreichen und auf den Grillrost (gefettet) des heißen Grills legen. Das Gemüse etwa 10 Minuten grillen, dabei ab und zu wenden.

7. Sobald es ausreichend gegrillt ist, das Gemüse vom Grillrost nehmen und in einer großen flachen Schale oder Auflaufform anrichten. Das Gemüse mit dem Dressing beträufeln und mit den Basilikumblättern bestreuen.

BEILAGE:

Frisches Baguette oder Salat oder als Auflage für einen vegetarischen Burger.

TIPPS:

Den Gemüsesalat vor den Hauptgerichten grillen. Er schmeckt lauwarm und kalt sehr gut. Auch in Stücke geschnittene, vorgegarte Maiskolben oder abgezogene, halbierte rote Zwiebeln vom Grill schmecken hervorragend in diesem Salat. Zusätzlich noch etwas Rosmarin oder Thymian unter das Dressing geben.
Das Gemüse kann einige Stunden vor dem Grillen in Stücke geschnitten und mit dem Olivenöl beträufelt werden. Die Gemüsestücke dann zugedeckt kühl stellen.

GEMÜSESPIESSE

- Zubereitungszeit: 45 Minuten, ohne Marinierzeit
  Grillzeit: Spieße etwa 10 Minuten, Baguette etwa 3 Minuten
- \+ Vegetarisch

ZUTATEN FÜR 4 PORTIONEN

8 kleine, junge Fenchelknollen (etwa 500 g)
Salz
8 kleine Tomaten (etwa 500 g)
8 kleine, junge Maiskolben (etwa 500 g)
4 kleine Zucchini (etwa 500 g)
2 EL frische, gemischte Kräuter, z. B. Petersilie, Kerbel, Thymian, oder 1 Pck. TK-Gemischte-Kräuter
8 EL Olivenöl

FÜR DEN KRÄUTER-KNOBLAUCH-QUARK:

2 Knoblauchzehen
500 g Magerquark
etwas Milch
1 EL frische Kräuter, z. B. Petersilie, Kerbel, Thymian oder TK-Gemischte-Kräuter
gem. Pfeffer

1 Baguette (500 g)
50 g weiche Knoblauchbutter

ZUSÄTZLICH:

8 Holz- oder Metallspieße

PRO PORTION:

E: 35 g, F: 15 g, Kh: 95 g, kcal: 664

1. Von den Fenchelknollen die Stiele oberhalb der Knollen abschneiden. Braune Stellen und Blätter entfernen, Wurzelenden gerade schneiden. Knollen waschen und abtropfen lassen. Salzwasser in einem Topf zum Kochen bringen. Die Fenchelknollen darin etwa 6 Minuten garen, in ein Sieb geben, mit kaltem Wasser übergießen und abtropfen lassen.

2. Tomaten, Maiskolben und Zucchini waschen und trocken tupfen. Von den Tomaten und den Maiskolben die Stängelansätze entfernen. Von den Zucchini die Enden abschneiden, die Zucchini je nach Größe halbieren oder vierteln.

3. Das vorbereitete Gemüse auf Holz- oder Metallspieße stecken und in eine flache Schale legen. Spieße mit den Kräutern bestreuen, mit Olivenöl beträufeln und zugedeckt 1–2 Stunden im Kühlschrank marinieren.

4. Für den Kräuter-Knoblauch-Quark Knoblauchzehen abziehen und fein hacken. Quark in eine Schüssel geben und mit etwas Milch glatt rühren. Kräuter unterrühren, den Quark mit Salz und Pfeffer würzen.

5. Das Baguette längs halbieren, in Stücke schneiden und mit Knoblauchbutter bestreichen.

6. Die Spieße aus der Marinade nehmen, etwas abtropfen lassen und auf dem heißen Grill etwa 10 Minuten unter gelegentlichem Wenden grillen. Anschließend die Baguettestücke mit der unbestrichenen Seite nach unten auf den Grill legen und etwa 3 Minuten grillen.

7. Die Gemüsespieße mit dem Kräuter-Knoblauch-Quark und den Baguettestücken servieren.

TIPP:

Wenn Sie keine kleinen, jungen Fenchelknollen bekommen, können Sie auch 2 größere Fenchelknollen verwenden. Diese vor dem Garen in Viertel schneiden.

GOLDBRASSE

Zubereitungszeit: 25 Minuten, ohne Abkühl- und Durchziehzeit
Grillzeit: etwa 30 Minuten

ZUTATEN FÜR 4 PORTIONEN

4 kleine küchenfertige Goldbrassen (je 350–400 g)
8 Tomaten (etwa 800 g)
1 große Zwiebel
4 Stängel Thymian
1 kleiner Topf Basilikum
4 EL Olivenöl
Salz
gem. Pfeffer
Zitronensaft
etwas Olivenöl

ZUSÄTZLICH:

Rouladennadeln

PRO PORTION:

E: 43 g, F: 25 g, Kh: 5 g, kcal: 419

1. Von den Goldbrassen die Bauch- und Rückenflossen mit einer Schere abschneiden. Goldbrassen innen und außen mit Küchenpapier abtupfen.

2. Tomaten kreuzweise einschneiden und mit kochendem Wasser übergießen. Nach 1–2 Minuten herausnehmen und mit kaltem Wasser abschrecken. Tomaten häuten, halbieren und die Stängelansätze herausschneiden. Tomaten vierteln.

3. Zwiebel abziehen und fein würfeln. Thymian und Basilikum abspülen und trocken tupfen. Die Blättchen von den Stängeln zupfen, Blättchen fein hacken.

4. Olivenöl in einem Topf erhitzen. Zwiebelwürfel darin glasig dünsten. Tomatenviertel und Kräuter hinzugeben, etwa 3 Minuten mit andünsten. Mit Salz und Pfeffer würzen, erkalten lassen.

5. Goldbrassen innen und außen mit Salz und Pfeffer einreiben. Mit Zitronensaft beträufeln. Etwas von der Tomaten-Kräuter-Masse in die Buchhöhlen der Brassen füllen, restliche Masse beiseitestellen. Schnittstellen mit Rouladennadeln feststecken. Goldbrassen in eine flache Schale legen und zugedeckt etwa 2 Stunden im Kühlschrank durchziehen lassen.

6. Die Goldbrassen dünn mit Öl bestreichen und auf dem heißen Grill etwa 30 Minuten grillen, zwischendurch den Fisch vorsichtig wenden.

7. Restliche Tomaten-Kräuter-Masse erwärmen und mit dem Fisch servieren.

GRIECHISCHER BAUERNSALAT

Zubereitungszeit: 20 Minuten
+ Vegetarisch

ZUTATEN FÜR 4 PORTIONEN

375 g Salatgurken, 400 g Tomaten
125 g rote Zwiebeln
75 g schwarze Oliven,
z.B. Kalamata (aus dem Glas)
200 g griechischer Schafskäse

FÜR DIE SAUCE:

2 EL Weißweinessig
Salz, gem. Pfeffer
etwas Zucker oder Honig
5 EL Olivenöl

frische Majoran- und/oder Petersilienblättchen

PRO PORTION:

E: 2 g, F: 21 g, Kh: 6 g, kcal: 231

1. Gurken schälen und die Enden abschneiden. Gurken längs halbieren, evtl. die Kerne mit einem Löffel herausschaben. Gurken in dünne Scheiben schneiden. Tomaten abspülen, abtrocknen und die Stängelansätze herausschneiden. Tomaten in Stücke schneiden.

2. Rote Zwiebeln abziehen und in dünne Scheiben schneiden. Oliven in einem Sieb abtropfen lassen. Schafskäse in dünne Scheiben oder Würfel schneiden. Die vorbereiteten Salatzutaten auf einer großen Platte anrichten.

3. Für die Sauce Essig mit Salz, Pfeffer und Zucker oder Honig verrühren. Öl unterschlagen.

4. Die Sauce über die Salatzutaten geben und mit abgespülten, trocken getupften Majoran- und/oder Petersilienblättchen (bei Bedarf grob gehackt) bestreuen.

TIPP:

Den Salat als Beilage z. B. zu kurz gegrillten, kleinen Pides (kleine Fladenbrote) servieren.

GRILLBIRNE IN ZIMTBUTTER

- Zubereitungszeit: 40 Minuten
  Grillzeit: 30–40 Minuten
- ▲ Mit Alkohol

ZUTATEN FÜR 10 PORTIONEN

10 feste, nicht zu reife Birnen, z. B. Williams Christbirnen (je etwa 250 g)
3 l Wasser
300 ml Weißwein
90–100 ml Zitronensaft
100 g Zucker

150 g Butter (zimmerwarm)
½ TL gem. Zimt
30 g Zucker
etwa 1 kg Walnuss-Eis

ZUSÄTZLICH:

10 Bögen Alufolie
Fett für den Grillrost

PRO PORTION:

E: 6 g, F: 29 g, Kh: 58 g, kcal: 515

1. Die Birnen abspülen, abtrocknen, längs halbieren, mit einem Kugelausstecher die Kerngehäuse entfernen und die Blütenansätze herausschneiden.

2. Wasser in einem großen Topf zum Kochen bringen. Weißwein, Zitronensaft und Zucker unterrühren. Die Birnenhälften portionsweise in dem kochenden Sud etwa 5 Minuten garen. Dann die Birnenhälften in einem Sieb abtropfen lassen.

3. Die Butter mit dem Zimt und dem Zucker verrühren. Jeweils 2 Birnenhälften auf einen Bogen Alufolie setzen, jeweils mit etwas Zimtbutter bestreichen und in der Alufolie einwickeln.

4. Die Birnenpäckchen auf den Grillrost (gefettet) des heißen Grills legen und 30–40 Minuten grillen.

5. Zum Servieren die Birnenpäckchen öffnen, die Birnenhälften mit der restlichen Zimtbutter bestreichen und mit dem Walnuss-Eis servieren.

TIPP:

Anstelle von Williams Christbirnen, können Sie auch andere festfleischige Birnen verwenden.

GRILLFISCHE

Zubereitungszeit: 35 Minuten
Grillzeit: 15–20 Minuten

ZUTATEN FÜR 10 PORTIONEN

5 küchenfertige Forellen (je etwa 300 g)
5 küchenfertige Makrelen (je etwa 300 g)
Salz
gem. Pfeffer
1 Bio-Zitrone (unbehandelt, ungewachst)
10 Stängel Estragon
10 Stängel Petersilie
10 Lorbeerblätter

FÜR DIE MARINADE:

4 Knoblauchzehen
3 Lorbeerblätter
200 ml Speiseöl, z. B. Rapsöl
2 TL Kräuter der Provence

ZUSÄTZLICH:

2 Grillkörbe

PRO PORTION:

E: 91 g, F: 60 g, Kh: 1 g, kcal: 981

1. Forellen und Makrelen mit Küchenpapier abtupfen und von innen und außen mit Salz und Pfeffer einreiben.

2. Zitrone gründlich heiß abwaschen, abtrocknen und in 10 dünne Spalten schneiden. Estragon und Petersilie abspülen und trocken tupfen.

3. Die Forellen und Makrelen mit je 1 Zitronenspalte, 1 Stängel Estragon, 1 Stängel Petersilie und 1 Lorbeerblatt füllen.

4. Für die Marinade Knoblauchzehen abziehen und durch eine Knoblauchpresse drücken. Lorbeerblätter fein zerbröseln und mit dem Öl verrühren. Knoblauch hinzufügen und mit Kräutern der Provence würzen. Die Forellen und Makrelen mit der Marinade bestreichen.

5. Forellen und Makrelen in je einen Grillkorb legen. Die Grillkörbe auf den heißen Grill legen. Die Fische unter mehrmaligem Wenden 15–20 Minuten grillen, bis die Haut schön knusprig ist. Sobald sich die Rückenflossen ohne Widerstand herausziehen lassen, sind die Fische gar. Während des Grillens mehrfach mit der Marinade bestreichen.

BEILAGE:

Gemischter Salat und gegrillte Baguettescheiben.

TIPP:

Achten Sie beim Kauf von frischen Fischen darauf, dass die Fische klare, pralle Augen mit nach außen gewölbten Linsen, leuchtend rote Kiemen ohne Schleim, kräftig glänzende Haut, feste Schuppen und einen frischen Geruch (bei Salzwasserfischen nach Meerwasser oder Seetang) haben.

GRILLKÄSE IN KNUSPERBACON

Zubereitungszeit: 10 Minuten
Grillzeit: 10–12 Minuten

ZUTATEN FÜR 8 PORTIONEN

je 2 Stängel Thymian, Rosmarin und Salbei
8 Stück Grillkäse (je 100 g)
16 Scheiben Bacon (Frühstücksspeck)
gem. Pfeffer

ZUM BESTREICHEN:

evtl. etwas Knoblauch- oder Paprikaöl

ZUSÄTZLICH:

etwas Öl für den Grillrost
evtl. 1 Grillschale

PRO PORTION:

E: 22 g, F: 31 g, Kh: 17 g, kcal: 437

1. Die Kräuter abspülen, trocken tupfen und die Blätter bzw. Nadeln abzupfen.

2. Je 2 Scheiben Bacon nebeneinander auf die Arbeitsfläche legen und mit den Kräuterblättchen und Rosmarinnadeln belegen. Jeweils 1 Stück Grillkäse darauflegen und fest in den Frühstücksspeck einwickeln.

3. Den Grillkäse auf den Grillrost (gefettet) des heißen Grills legen oder in einer Grillschale auf den Grill gestellt bei mittlerer Hitze 10–12 Minuten grillen, bis der Bacon schön knusprig ist. Das Ganze mit Pfeffer würzen.

4. Eventuell den Grillkäse zum Servieren mit etwas Knoblauch- oder Paprikaöl bestreichen.

BEILAGE:

Schwarze Oliven und Sesambrot.

TIPP:

Haben Sie keine Grillschalen zur Hand, dann können Sie den Grillrost auch mit Alufolie belegen. Diese dünn einfetten und dann z. B. den Grillkäse (in Bacon eingewickelt) darauflegen und grillen. So brennt garantiert nichts am Grillrost fest. Außerdem verhindern Sie dadurch, dass Fleischsaft und Fett in die Glut tropfen und sich der eventuell dadurch aufsteigende, gesundheitsschädliche Rauch an der Oberfläche des Grillguts festsetzt.

GURKENSALAT

- Zubereitungszeit: 20 Minuten, ohne Durchziehzeit
- + Vegetarisch

ZUTATEN FÜR 4 PORTIONEN

2 mittelgroße Salatgurken (je etwa 400 g)

FÜR DAS DRESSING:

2 EL Kräuteressig
1 EL gehackte, frische Kräuter, z. B. Petersilie, Dill
Salz
3 EL Speiseöl, z. B. Sonnenblumenöl
gem. Pfeffer

PRO PORTION:

E: 1 g, F: 1 g, Kh: 3 g, kcal: 21

1. Gurken schälen und die Enden abschneiden. Gurken in dünne Scheiben schneiden oder hobeln.

2. Für das Dressing Essig mit Kräutern und etwas Salz verrühren, Öl unterschlagen, mit Pfeffer würzen.

3. Das Dressing zu den Gurkenscheiben geben und gut vermengen. Den Salat evtl. nochmals abschmecken.

REZEPTVARIANTE:

Für **Gurkensalat mit Sauerrah**m die Gurken wie unter Punkt 1 im Rezept beschrieben vorbereiten. 1 Bund Dill abspülen und und trocken tupfen. Die Spitzen von den Stängeln zupfen. Spitzen klein schneiden. Dill mit 4 Esslöffeln saurer Sahne oder Schmand (Sauerrahm) verrühren. Das Dressing mit Salz und Pfeffer abschmecken und in einer Schüssel mit den Gurkenscheiben vermengen.

HACKRÖLLCHEN MIT ENDIVIENSALAT

Zubereitungszeit: 50–60 Minuten
Grillzeit: 15–20 Minuten

ZUTATEN FÜR 10 PORTIONEN

FÜR DIE HACKRÖLLCHEN:

1 ½ kg Gehacktes
(halb Rind-, halb Schweinefleisch)
200 g Schafskäse
3 Eier (Größe M)
1 TL Paprikapulver edelsüß
¼ TL Chilipulver
1 EL gerebelter Thymian
Salz
gem. Pfeffer

FÜR DEN SALAT:

240 g Pumpernickel
2 Köpfe Endiviensalat (etwa 800 g)
4 EL Weißweinessig
1 EL mittelscharfer Senf
8 EL Sonnenblumenöl

1 große rote Zwiebel
330 g Ajvar (mild, aus dem Glas)

PRO PORTION:

E: 37 g, F: 41 g, Kh: 14 g, kcal: 574

1. Für die Hackröllchen das Gehackte in eine große Schüssel geben. Den Schafskäse darauf zerbröseln. Eier, Paprika, Chili und Thymian hinzufügen. Die Zutaten gut vermengen, mit Salz und Pfeffer würzen.

2. Aus der Masse mit angefeuchteten Händen kleine Röllchen formen. Die Röllchen zugedeckt in den Kühlschrank stellen.

3. Für den Salat Pumpernickel klein schneiden, mit den Händen zerbröseln und in einer Pfanne unter Rühren leicht anrösten. Die Brösel auf einen Teller geben.

4. Endiviensalat putzen, den Strunk herausschneiden, abspülen und abtropfen lassen oder trocken schleudern. Den Salat in Streifen schneiden. Essig mit Senf verrühren, mit Salz und Pfeffer würzen. Das Sonnenblumenöl unterschlagen.

5. Die Zwiebel abziehen und fein würfeln. Ajvar und Zwiebelwürfel getrennt voneinander in Schälchen anrichten.

6. Die Hackfleischröllchen auf den Grillrost (gefettet) des heißen Grills legen, 15–20 Minuten grillen, dabei die Röllchen immer wieder wenden, damit sie nicht zu dunkel werden.

7. Das Salatdressing nochmals verschlagen, mit den Salatstreifen vermischen. Den Salat mit den Pumpernickelbröseln bestreut, mit Ajvar und Zwiebelwürfeln zu den gegrillten Röllchen servieren.

HÄHNCHENBRUSTFILET NACH MEDITERRANER ART

Zubereitungszeit: 45 Minuten
Grillzeit: 10–15 Minuten

ZUTATEN FÜR 4 PORTIONEN

FÜR DIE MARINADE:

1 kleiner Topf frisches Basilikum
90 g grüne Oliven, ohne Stein (aus dem Glas)
6 Sardellenfilets
1 kleine, getrocknete Peperoni
6 EL Olivenöl

10 Hähnchenbrustfilets (je 130–150 g)
gem. bunter Pfeffer

PRO PORTION:

E: 47 g, F: 11 g, Kh: 1 g, kcal: 289

1. Für die Marinade Basilikum abspülen und trocken tupfen. Die Blättchen von den Stängeln zupfen.

2. Oliven in einem Sieb abtropfen lassen. Oliven, Sardellenfilets und Peperoni fein hacken und in eine Schüssel geben. Olivenöl und Basilikumblättchen hinzufügen. Die Zutaten gut verrühren.

3. Hähnchenbrustfilets mit Küchenpapier abtupfen und auf dem heißen Grill (etwa 160°C) von beiden Seiten insgesamt 10–15 Minuten grillen (direkt grillen).

4. Die Hähnchenbrustfilets mit Pfeffer bestreuen und mit der Marinade bestreichen.

BEILAGE:

Salat und Baguettescheiben.

TIPP:

Die Hähnchenbrustfilets können schon am Vortag mariniert werden. Dazu trocken getupfte Filets in eine flache Schale legen, mit buntem Pfeffer bestreuen und mit der Marinade bestreichen. Die Filets mit Klarsichtfolie zugedeckt im Kühlschrank aufbewahren.

REZEPTVARIANTE:

Die Hähnchen mit einer Joghurt-Marinade zubereiten. Dafür 150 g Joghurt mit Salz, Pfeffer, gemahlenem Koriander, 1 Teelöffel Currypulver, 2 abgezogenen und klein gehackten Knoblauchzehen, 2 roten klein gewürfelten Chilischoten und 1 Esslöffel Reiswein mischen und das Hähnchen darin marinieren.

HÄHNCHENBRUSTFILETS AM ZITRONENGRASSPIESS

Zubereitungszeit: 40 Minuten, ohne Marinierzeit
Grillzeit: etwa 15 Minuten

ZUTATEN FÜR 4 PORTIONEN

600 g Hähnchenbrustfilets
200–240 g frische Ananas (am Stück, vorbereitet gewogen)
4 Stängel Zitronengras

FÜR DIE MARINADE:

1 kleines Stück eingelegte Ingwerpflaume (in Sirup eingelegter Ingwer) oder etwas gem. Ingwer
100 g Butter (zimmerwarm)
½ TL Ingwersirup
gem. Pfeffer

Salz

ZUSÄTZLICH:

evtl. 1 Metall-Schaschlikspieß

PRO PORTION:

E: 36 g, F: 3 g, Kh: 7 g, kcal: 205

1. Hähnchenbrustfilets mit Küchenpapier abtupfen. Die Filets jeweils in 3 Stücke schneiden. Ananas in 8 gleich große Stücke schneiden.

2. Je die zwei Hüllen der Zitronengrashalme abziehen und die dünneren Enden mit einem Messer anspitzen.

3. Für die Marinade Ingwerpflaume zuerst klein schneiden, dann fein hacken und in eine Schüssel geben. Butter und Sirup verrühren. Mit Pfeffer würzen.

4. Fleisch- und Ananasstücke evtl. in der Mitte mithilfe eines Metall-Schaschlikspießes durchstechen, dann abwechselnd auf die Zitronengrasspieße stecken (je Spieß 3 Fleisch- und 2 Ananasstücke, darauf achten, dass die Stücke nicht auseinanderbrechen). Die Spieße mit der Marinade bestreichen, in eine flache Schale legen und zugedeckt etwa 2 Stunden im Kühlschrank marinieren.

5. Die Spieße aus der Marinade nehmen und auf dem heißen Grill unter mehrmaligem Wenden etwa 15 Minuten grillen. Mit Salz und Pfeffer würzen.

HALLOUMI, MARINIERT

- Zubereitungszeit: 10 Minuten, ohne Durchziehzeit
  Grillzeit: etwa 4 Minuten
- ✚ Vegetarisch

ZUTATEN FÜR 4 PORTIONEN

500 g Halloumi-Käse
(halbfester Schnittkäse aus Zypern)
1 rote Chilischote
1 Knoblauchzehe
2–3 Stängel Thymian
Salz, gem. Pfeffer
100 ml Olivenöl

PRO PORTION:

E: 25 g, F: 46 g, Kh: 0 g, kcal: 515

1. Käse in etwa 2 cm dicke Scheiben schneiden und in eine flache Schale legen.

2. Chilischote abspülen, trocken tupfen und entstielen. Chili in feine Ringe schneiden.

3. Knoblauch abziehen und fein würfeln. Thymian abspülen, trocken tupfen und die Blättchen von den Stängeln zupfen. Blättchen grob hacken.

4. Chili, Knoblauch und Thymianblättchen auf die Käsescheiben streuen. Mit Salz und Pfeffer würzen, mit Olivenöl beträufeln.

5. Den Halloumi-Käse mit Frischhaltefolie zugedeckt etwa 1 Stunde im Kühlschrank durchziehen lassen.

6. Halloumi auf dem heißen Grillrost von jeder Seite etwa 2 Minuten grillen.

HALLOUMI MIT TOMATEN-KAPERN-SUGO

- Zubereitungszeit: 30 Minuten
  Grillzeit: 2–6 Minuten
- + Vegetarisch

ZUTATEN FÜR 12 PORTIONEN

9 Tomaten
3 Bio-Zitronen (unbehandelt, ungewachst)
1 Bund glatte Petersilie
6 TL abgetropfte Kapern (aus dem Glas)
3 EL flüssiger Honig
etwa 120 ml Olivenöl
Salz, gem. Pfeffer

750 g Halloumi-Käse
(halbfester Schnittkäse aus Zypern)

ZUSÄTZLICH:

Grillschalen
etwas Fett für die Grillschalen

PRO PORTION:

E: 14 g, F: 25 g, Kh: 7 g, kcal: 313

1. Tomaten abspülen, abtrocknen, halbieren, vierteln und dabei die Stängelansätze herausschneiden. Tomatenviertel entkernen und in kleine Würfel schneiden.

2. Zitronen heiß abspülen, abtrocknen und die Schale fein abreiben. Die Zitronen halbieren und den Saft auspressen. Petersilie abspülen, trocken tupfen und die Blättchen von den Stängeln zupfen. Die Blättchen fein schneiden.

3. Tomatenwürfel und Kapern in eine Schüssel geben. Zitronenschale und -saft, Honig, Olivenöl und Petersilie hinzufügen. Die Zutaten gut vermischen. Den Tomaten-Kapern-Sugo mit Salz und Pfeffer würzen.

4. Den Käse in 12 gleich dicke Scheiben schneiden. Die Käsescheiben in Grillschalen (gefettet) auf den Grillrost des heißen Grills legen und von jeder Seite so lange grillen, bis sie goldbraun sind (1–3 Minuten pro Seite).

5. Die Käsescheiben auf einer Platte anrichten. Den Tomaten-Kapern-Sugo daraufgeben und sofort servieren.

BEILAGE:

Rucolasalat, geröstetes Fladenbrot und etwas Kräuterquark oder Pesto.

TIPPS:

Praktisch auf der Hand: Schneiden Sie 12 kleinere ovale Fladenbrote seitlich etwa bis zur Hälfte ein, sodass eine Tasche entsteht. Füllen Sie die Fladenbrote mit den gegrillten Halloumi-Scheiben und dem Sugo.
Für den großen Hunger, die Halloumi-Käse-Menge verdoppeln.
Den Sugo einige Stunden vor dem Grillen oder am Vorabend zubereiten und zugedeckt in den Kühlschrank stellen. Sugo etwa 1 Stunde vor dem Grillen aus dem Kühlschrank nehmen, dann schmeckt er aromatischer.

HAMBURGER (GRUNDREZEPT)

● Zubereitungszeit: 5–10 Minuten, ohne Ruhezeit
Grillzeit: 10–14 Minuten

ZUTATEN FÜR 4 PORTIONEN

2 kleine Zwiebeln
1 kg Rindergehacktes
2 EL Salz
1 EL gem. oder geschroteter Pfeffer
4 Hamburgerbrötchen XXL
1 Fleischtomate
4 TL Senf
4 TL Ketchup
4 grüne Salatblätter (Eisberg-, Römer- oder Endiviensalat)
1 kleines Glas gut abtropfte Dillgurken in Scheiben

ZUSÄTZLICH:

etwas Fett für den Grillrost

PRO PORTION:

E: 61 g, F: 37 g, Kh: 49 g, kcal: 780

1. Zwiebeln abziehen und in feine Würfel schneiden. Gehacktes mit gewürfelten Zwiebeln, Salz und Pfeffer vermischen und 4 Burger von 2–3 cm Höhe formen.

2. Bratlinge im Kühlschrank etwa 1 Stunde abgedeckt ruhen lassen und 15–20 Minuten vor dem Grillen herausholen – so behalten die Burger besser ihre Form.

3. Das Fleisch auf den Grillrost (gefettet) des vorbereiteten, heißen Grills legen und von beiden Seiten 5–7 Minuten grillen.

4. Kurz bevor sie fertig sind, die Burgerbrötchen mit der Schnittseite nach unten auf dem Grill toasten.

5. Fleischtomate abspülen, abtrocknen und den Stängelansatz herausschneiden. Die Tomate in 4 dicke oder 8 dünne Scheiben schneiden.

6. Die Unterseiten der Brötchen jeweils mit 1 Teelöffel Senf und mit 1 Teelöffel Ketchup bestreichen, Salatblatt auflegen, Bratlinge auflegen, mit Tomaten und Gurken belegen und Deckel daraufklappen.

TIPPS:

Rindergehacktes enthält oftmals wenig Fett. Um dem Fleisch mehr Bindung zu geben, sodass es beim Grillen nicht auseinanderfällt, Semmelbrösel oder 1 Ei mit in die Hackmasse kneten. Natürlich gibt es unendlich viele Möglichkeiten, den Burger noch zu „tunen“.
Beliebte Tuningaccessoires sind: Mayonnaise oder ihre Abwandlungen, Chilisauce, BBQ-Sauce, rote oder weiße Zwiebelringe, Jalapeños, verschiedene Salatvarianten, Kraut- oder Rotkrautsalat, Käsescheiben mit gutem Schmelzcharakter, knusprig gegrillter oder gebratener Bacon, Baked Beans oder geröstete Zwiebeln.

HAMBURGER-VARIANTEN

Für 8 **Cheeseburger** (ohne Foto) vom Hamburger-Grundrezept (S. 79) die Tomaten beim Belegen weglassen. Brötchen/Buns halbieren und kurz mit den Schnittflächen nach unten auf dem heißen Grill anrösten. Zum Ende der Grillzeit die Bratlinge mit je 2 Scheiben Cheddar belegen und noch auf dem Grill leicht anschmelzen lassen. Die unteren Brötchenhälften mit jeweils 1 Teelöffel Mayonnaise bestreichen und mit etwas grünem Salat (z. B. Eisberg oder Kopfsalat, abgespült und abgetropft) belegen. Bratling mit Käse darauflegen, nochmals mit etwas Salat belegen und je 2–3 Zwiebelringe darauf verteilen. Mit je 1 Teelöffel Ketchup abschließen und die oberen Brötchenhälften auflegen. Rasch servieren.

TIPP:

Für mehr Schärfe auf den geschmolzenen Käse noch ein paar eingelegte Jalapeñoscheiben legen.

Für 8 **Italian-Burger** (Foto rechts) aus 1 Esslöffel gerösteten Pinienkernen, Blättern von 1 Bund Basilikum (abgespült und abgetropft) und ½ Bund Petersilie (abgespült und abgetropft), 35 g frisch geriebenem Parmesan, ½ Teelöffel Salz, 1 Prise Zucker, 1–2 abgezogenen Knoblauchzehen und 6 Esslöffeln Olivenöl in einem Blitzhacker ein Pesto herstellen. Zutaten wie im Hamburger-Grundrezept (S. 79) vorbereiten. Brötchen/Buns halbieren und kurz mit den Schnittflächen nach unten auf dem heißen Grill anrösten. Zum Ende der Grillzeit die Bratlinge mit je 1 Scheibe Tomate und 1 Scheibe Mozzarella belegen und noch auf dem Grill leicht anschmelzen lassen. Die unteren Brötchenhälften mit jeweils 1 Teelöffel Mayonnaise bestreichen und mit etwas grünem Salat (z. B. Römersalat oder Rucola, abgespült und abgetropft) belegen. Bratling mit Tomaten und Käse belegen, mit etwas feinem Salz oder groben Meersalz und Pfeffer würzen. Vorbereitetes Pesto auf den Bratlingen verteilen. Die oberen Brötchenhälften auflegen und den Burger rasch servieren.

TIPP:

Für das volle „Italia-Feeling" die Burger zusätzlich mit jeweils 1 Scheibe hauchdünn geschnittenen Parmaschinken oder/und einigen Parmesanhobeln belegen.

Für 8 **Elsass-Burger** (ohne Foto) vom Hamburger-Grundrezept (S. 79) die Tomaten beim Belegen weglassen und die Mayonnaise durch Dijonnaise ersetzen. Für die Dijonnaise 4 Esslöffel Mayonnaise mit 4 Esslöffeln körnigen Senf verrühren. Brötchen/Buns halbieren und kurz mit den Schnittflächen nach unten auf dem heißen Grill anrösten. Zum Ende der Grillzeit die Bratlinge mit je 2 dünnen Scheiben reifen Weichkäse (z. B. Camembert oder Brie) belegen und noch auf dem Grill leicht anschmelzen lassen. Die unteren Brötchenhälften mit jeweils 1 Teelöffel von der vorbereiteten Dijonnaise bestreichen und mit etwas Salat (z. B. Eichblatt, Feldsalat oder Rucola, abgespült und abgetropft) belegen. Burger mit Käse darauflegen, nochmals mit etwas Salat belegen und mit frisch gemahlenem bunten Pfeffer würzen. Jeweils 1 Teelöffel Preiselbeeren aus dem Glas auf den Bratling geben und die oberen Brötchenhälften auflegen. Rasch servieren.

TIPP:

Die Elsass-Burger zusätzlich mit je 1 Scheibe gegrillten Bacon belegen.

H

HARISSA (SCHARFE CHILIPASTE)

- Zubereitungszeit: 35 Minuten, ohne Durchziehzeit
- \+ Vegan

ZUTATEN FÜR ETWA 600 ML

100 g getrocknete, rote Chilischoten
4 Knoblauchzehen
4 TL Koriandersamen
4 TL Kreuzkümmelsamen (Cumin)
4 TL Kümmelsamen, 2 TL Meersalz
12 EL kalt gepresstes Olivenöl

INSGESAMT:

E: 18 g, F: 126 g, Kh: 67 g, kcal: 1463

1. Chilischoten in eine Schüssel geben, mit heißem Wasser übergießen und etwa 1 Stunde durchziehen lassen. Schoten in ein Sieb geben und gut abtropfen lassen. Knoblauch abziehen.

2. Chilischoten mit Knoblauch, Koriander-, Kümmelsamen und Salz in eine Schale geben und mit einem Mörser zu einer Paste verarbeiten oder mit einem Pürierstab zerkleinern.

3. Zehn Esslöffel Olivenöl unter die Paste rühren, in gründlich gereinigte, gespülte Gläser füllen und das restliche Olivenöl darauf verteilen (versiegeln).

4. Die Gläser mit Twist-off-Deckeln® verschließen. Harissa bis zum Öffnen mindestens 1 Tag kalt, dunkel und trocken aufbewahren.

TIPPS:

Harissa hält gekühlt und dunkel gestellt etwa 4 Monate.
Die Paste ist eine vielseitige Würzpaste, die vielen Gerichten das gewisse Etwas gibt.
Sie passt gut zu geschmortem Fleisch, Geflügel oder zu Gemüse. Man verwendet sie auch für mit Safran gewürzte Fischsuppen und Eintöpfe oder zum Würzen von Salatsaucen.
Etwas Harissa vermischt mit geschälten, entkernten, klein gehackten Tomaten und 1 Prise Salz ergibt eine würzige Sauce für Kebabs.

HEILBUTT MIT GEMÜSE

Zubereitungszeit: 55 Minuten
Grillzeit: etwa 25 Minuten

ZUTATEN FÜR 4 PORTIONEN

8 frische Heilbuttfilets (je 250 g)
500 g Möhren
300 g Knollensellerie
2 Stangen Lauch
120 g Butter
Salz
etwas Saft und abger. Schale von 1 Bio-Zitrone (unbehandelt, ungewachst)
gem. Pfeffer

ZUSÄTZLICH:

8 Bögen Alufolie

PRO PORTION:

E: 52 g, F: 18 g, Kh: 5 g, kcal: 426

1. Heilbuttfilets mit Küchenpapier abtupfen.

2. Möhren und Sellerie putzen, schälen, abspülen, abtropfen lassen und in sehr kleine Würfel schneiden. Lauch putzen, die Stangen längs halbieren, gründlich waschen, abtropfen lassen und in Streifen schneiden.

3. Butter in einem Topf zerlassen. Möhren-, Selleriewürfel und Lauchstreifen darin andünsten. Mit 1 Teelöffel Salz, Zitronensaft und -schale würzen.

4. Jeweils etwas von der Gemüsemasse auf je einen Bogen Alufolie geben. Je 1 Stück Heilbuttfilet darauflegen. Mit Salz und Pfeffer bestreuen. Heilbuttfilet und Gemüse in der Alufolie fest verschließen.

5. Die Gemüse-Heilbuttfilet-Päckchen auf den heißen Grill legen und etwa 25 Minuten unter mehrmaligem Wenden grillen.

6. Heilbutt-Päckchen öffnen und in der Folie servieren.

HEILBUTT-AUBERGINEN-ROLLEN

- Zubereitungszeit: 30 Minuten, ohne Marinierzeit
  Grillzeit: etwa 12 Minuten
- ▲ Mit Alkohol

ZUTATEN FÜR 4 PORTIONEN

4 Heilbuttkoteletts (je etwa 150 g)
1 Aubergine
Salz
Zitronensaft
½ Bio-Limette (unbehandelt, ungewachst)
3 EL Wermut (Noilly Prat)
2 EL Sojasauce
1 EL Anislikör
4 EL Sesamöl
gem. Pfeffer
2 EL Weizenmehl

ZUSÄTZLICH:

4 Holzstäbchen

PRO PORTION:

E: 33 g, F: 16 g, Kh: 7 g, kcal: 339

1. Heilbuttkoteletts mit Küchenpapier trocken tupfen.

2. Aubergine waschen, abtrocknen und die Enden abschneiden. Aubergine längs in dünne Scheiben schneiden, mit Salz bestreuen, etwa 10 Minuten ziehen lassen, trocken tupfen und mit Zitronensaft beträufeln.

3. Limette heiß abwaschen, abtrocknen und die Schale abreiben.

4. Wermut mit Sojasauce, Anislikör, Limettenschale und Sesamöl verrühren, mit Salz und Pfeffer abschmecken.

5. Heilbuttkoteletts einige Stunden in die Marinade legen, dabei zwischendurch wenden.

6. Heilbuttkoteletts herausnehmen, trocken tupfen, mit den Auberginenscheiben umwickeln, mit Holzstäbchen feststecken und anschließend mit Mehl bestäuben.

7. Röllchen auf den heißen Grill legen und etwa 12 Minuten grillen. Zwischendurch wenden und mehrmals mit der Marinade bestreichen.

HIRSCH- UND REHSTEAKS, MARINIERT

Zubereitungszeit: 10 Minuten, ohne Marinierzeit
Grillzeit: 8–10 Minuten

ZUTATEN FÜR 6 PORTIONEN

12 Hirsch- und Rehsteaks (Keule oder Rücken, je etwa 80 g)

FÜR DIE MARINADE:

8 Wacholderbeeren
2 Knoblauchzehen
1 kleines Bund glatte Petersilie
2 Stängel Oregano
1 Stängel Basilikum
125 ml Olivenöl
abger. Schale und Saft von 1 Bio-Zitrone (unbehandelt, ungewachst)
1 EL Instant-Espressopulver
½ TL Salz
½ TL gem. Pfeffer
½ TL Cayennepfeffer
½ TL gem. Piment

12 Scheiben Bacon (Frühstücksspeck)

ZUSÄTZLICH:

evtl. Küchengarn
etwas Fett für den Grillrost

PRO PORTION:

E: 38 g, F: 13 g, Kh: 0 g, kcal: 273

1. Die Steaks mit Küchenpapier abtupfen, evtl. von Fett und Sehnen befreien.

2. Für die Marinade Wacholderbeeren zerdrücken. Knoblauchzehen abziehen und durch eine Knoblauchpresse drücken. Petersilie, Oregano und Basilikum abspülen, trocken tupfen und die Blättchen von den Stängeln zupfen. Die Blättchen fein hacken.

3. Alle Zutaten für die Marinade gut verrühren. Die vorbereiteten Steaks in die Marinade geben und über Nacht zugedeckt im Kühlschrank marinieren.

4. Die marinierten Steaks mit je 1 Scheibe Speck umwickeln, diese evtl. mit Küchengarn festbinden.

5. Die Steaks auf den Grillrost (gefettet) des heißen Grills legen und bei nicht zu starker Hitze 4–5 Minuten von jeder Seite grillen. Dabei die Steaks mehrmals mit der Marinade bestreichen, damit sie nicht zu trocken werden. Die Steaks evtl. mit Salz nachwürzen.

BEILAGE:

Baguette und ein gemischter Salat.

HOCHRIPPE, GEGRILLT

Zubereitungszeit: 15 Minuten, ohne Marinierzeit
Grillzeit: 1 1/2–2 Stunden

ZUTATEN FÜR 8–10 PERSONEN (JE NACH VERWENDUNGSZWECK)

FÜR DIE TROCKENMARINADE (RUB):

3 EL Meersalz
1 ½ EL Szechuanpfeffer
1 EL Instant-Kaffeepulver
1 EL brauner Zucker
2 ½ kg Hochrippe
2–3 EL Sonnenblumen- oder Rapsöl

PRO PORTION:

E: 64 g, F: 28 g, Kh: 2 g, kcal: 514

1. Für die Trockenmarinade (Rub) Meersalz, Szechuanpfeffer, Kaffeepulver und Zucker in einen Blitzhacker geben und kurz mixen.

2. Die Hochrippe mit Küchenpapier abtupfen, gut mit dem Rub einreiben, mit Öl beträufeln und alles gut einmassieren. Das Fleisch in Frischhaltefolie wickeln und etwa 2 Stunden ziehen lassen.

3. Den Grill für direktes und indirektes Grillen (2-Zonen-Feuer) vorbereiten (s. Ratgeber S. 7) und gut aufheizen (200–220 °C).

4. Ist der Grill heiß, das Fleisch auf den Grillrost über die heiße Glut legen und in etwa 5–6 Minuten rundherum angrillen. Dabei den Grill nach dem Drehen des Grillguts immer wieder schnell schließen.

5. Dann das Fleisch im indirekten Bereich des Holzkohlegrills (hier sollte eine Temperatur von etwa 130 °C herrschen) in 1 ½–2 Stunden gar ziehen lassen (Deckel geschlossen). Wenn ein Gasgrill verwendet wird, diesen beim indirekten Grillen auf etwa 130° C einstellen. Platzieren Sie zusätzlich eine feuerfeste Auffangschale (Ofenauflaufform oder Ähnliches) unter das Grillgut, damit herabtropfendes Fett darin aufgefangen wird. Die Kerntemperatur sollte am Ende der Garzeit etwa 68 °C betragen.

6. Das Grillstück auf ein Holzbrett legen, 10–15 Minuten ruhen lassen und in dünnen Scheiben (Tranchen) aufgeschnitten servieren.

BEILAGE:

Kartoffelsalat mit Pesto (S. 94) und pikanter Mango-Tomatenketchup (siehe Rezeptvariante).

REZEPTVARIANTE:

Für **Mango-Tomatenketchup** 1 Zwiebel und 1 Knoblauchzehe abziehen und fein würfeln. 2 Esslöffel Rapsöl in einem Topf erhitzen und die Würfelchen darin 2–3 Minuten anschwitzen. 2 Esslöffel Zucker oder Honig dazugeben und schmelzen lassen. Dann 2 Esslöffel Tomatenmark, ½ Esslöffel geräuchertes Paprikapulver, ½ Esslöffel Chilipulver und ½ Esslöffel Pimentpulver mit in den Ansatz geben und unter Rühren etwa 1 ½ Minuten mitanschwitzen. Mit 100 ml Apfelessig ablöschen. 425 g Mangoschnitten (aus der Dose) mit Saft, 1 süßsauren Apfel (geschält, entkernt und in Würfel geschnitten) und 425 ml passierte Tomaten (aus der Dose) mit in den Topf geben und alles etwa 30–45 Minuten köcheln lassen. Dabei die Sauce hin und wieder umrühren, damit sie am Boden nicht ansetzt. Sauce mit einem Pürierstab fein pürieren, nochmals mit etwas Salz abschmecken und in vorbereitete, wieder verschließbare Flaschen oder Gläser füllen. Verschlossen hält die Sauce im Kühlschrank mehrere Wochen.

KALBSSTEAKS MIT LIMETTEN

Zubereitungszeit: 5 Minuten, ohne Marinierzeit
Grillzeit: etwa 10 Minuten

ZUTATEN FÜR 4 PORTIONEN

8 kleine Kalbssteaks aus der Keule (je etwa 100 g)
2 Bio-Limetten (unbehandelt, ungewachst)
8 EL Olivenöl
Salz
gem. Pfeffer
evtl. 1 EL rosa Pfefferbeeren

PRO PORTION:

E: 45 g, F: 12 g, Kh: 4 g, kcal: 311

1. Kalbssteaks mit Küchenpapier abtupfen und in eine flache Schale legen.

2. Limetten gründlich heiß abspülen, abtropfen lassen und in Spalten schneiden. Limettenspalten auf den Kalbssteaks verteilen. Olivenöl daraufträufeln und mit Frischhaltefolie zugedeckt 1–2 Stunden im Kühlschrank marinieren.

3. Die Kalbssteaks auf dem heißen Grill etwa 10 Minuten grillen, dabei gelegentlich wenden.

4. Kalbssteaks mit Salz und Pfeffer würzen und nach Belieben mit Pfefferbeeren bestreuen.

BEILAGE:

Gemüsespieße (S. 64).

KARTOFFEL-FETA-PUFFER

- Zubereitungszeit: 60 Minuten, ohne Abkühlzeit
  Grillzeit: etwa 8 Minuten
- Vegetarisch

ZUTATEN FÜR 12–18 STÜCK

1125 g mehligkochende Kartoffeln
Salz
3 mittelgroße Möhren
275 g Fetakäse
4–5 Frühlingszwiebeln, 2 Stängel Dill
3 Eier (Größe M)
Saft und Schale von 1 kleinen Bio-Zitrone (unbehandelt, ungewachst)
gem. Pfeffer
3 EL Weizenmehl
9 EL Semmelbrösel

ZUSÄTZLICH:

Grillschalen (ohne Löcher)
Fett für die Grillschalen

PRO STÜCK:

E: 7 g, F: 6 g, Kh: 21 g, kcal: 170

1. Kartoffeln schälen, abspülen, abtropfen lassen und in Stücke schneiden. Die Kartoffelstücke in einem Topf mit Wasser bedeckt zum Kochen bringen. 1 Teelöffel Salz hinzugeben, Kartoffelstücke zugedeckt in 20–25 Minuten gar kochen. Kartoffeln abgießen, abdämpfen, sofort durch eine Kartoffelpresse drücken oder mit einem Kartoffelstampfer zerstampfen und in eine Schüssel geben. Kartoffeln etwas abkühlen lassen.

2. Möhren putzen, schälen, abspülen und abtropfen lassen. Möhren auf einer Haushaltsreibe grob raspeln. Fetakäse in kleine Stücke schneiden und mithilfe einer Gabel etwas zerdrücken.

3. Frühlingszwiebeln putzen, abspülen, abtropfen lassen und in feine Scheiben schneiden. Dill abspülen, trocken tupfen und die Spitzen von den Stängeln zupfen. Die Spitzen fein schneiden.

4. Möhrenraspel, Fetakäse, Frühlingszwiebelscheiben, Dill, Eier, Zitronensaft und -schale zu der Kartoffelmasse geben und gut vermengen. Kartoffel-Gemüse-Masse mit Salz und Pfeffer abschmecken.

5. Mehl mit Semmelbröseln in einer flachen Schale vermischen. Aus der Kartoffel-Gemüse-Masse 12–18 knapp 2 cm dicke Puffer formen. Die Puffer in der Mehl-Semmelbrösel-Mischung wenden. Die Panade andrücken.

6. Die Puffer in Grillschalen (gefettet) legen. Die Grillschalen auf den Grillrost des heißen Grills legen. Die Puffer von jeder Seite etwa 4 Minuten knusprig grillen, heiß servieren.

BEILAGE:

Kraut-Apfel-Salat mit Sonnenblumenkernen.

KARTOFFELFRIKADELLEN

- Zubereitungszeit: 30 Minuten, ohne Durchziehzeit
  Grillzeit: etwa 5 Minuten
- + Vegetarisch

ZUTATEN FÜR 4–6 PERSONEN

1 kg mehligkochende Kartoffeln
Salz
50 g Kürbiskerne
2 kleine Zwiebeln
1 Knoblauchzehe
5–6 EL Speiseöl, z. B. Rapsöl
1 kleines Bund Petersilie
gem. Pfeffer
2 Eier (Größe M)
etwas Mehl
Semmelbrösel

PRO PORTION:

E: 9 g, F: 18 g, Kh: 35 g, kcal: 341

1. Kartoffeln waschen, schälen, abspülen und in einem Topf mit Salzwasser in etwa 20 Minuten gar kochen. Inzwischen die Kürbiskerne in einer Pfanne ohne Fett rösten, anschließend Kerne hacken. Zwiebeln und Knoblauchzehe abziehen, in feine Würfel schneiden und in einer Pfanne mit 1 Esslöffel von dem Öl andünsten. Petersilie abspülen, trocken tupfen, die Blättchen von den Stängeln zupfen, hacken und mit den Kürbiskernen zu der Zwiebel-Knoblauch-Masse geben.

2. Die Kartoffeln abgießen, kurz abdämpfen und mit einem Kartoffelstampfer zerdrücken. Die Zwiebelmischung mit den Kartoffeln vermengen und mit Salz und Pfeffer kräftig würzen. Etwa 20 Minuten durchziehen lassen.

3. Eier verschlagen. Kartoffelmasse zu kleinen Bällchen formen und flach drücken. Bällchen erst in Mehl, Ei und anschließend in Semmelbröseln wenden. Restliches Öl portionsweise in einer großen Gusseisenpfanne auf dem heißen Grill erhitzen. Die Frikadellen bei mittlerer Hitze in etwa 5 Minuten goldbraun braten.

KARTOFFELSALAT

- Zubereitungszeit: 50 Minuten, ohne Abkühl- und Durchziehzeit
- + Vegetarisch

ZUTATEN FÜR 4 PORTIONEN

1 kg festkochende Kartoffeln, Salz
1 Zwiebel
1 Bund Frühlingszwiebeln
1 Bund Radieschen
190 g abgetropfte Cornichons
(kleine Gewürzgurken aus dem Glas)

FÜR DIE SAUCE:

6 EL Salatmayonnaise
2 TL mittelscharfer Senf
300 g Crème fraîche
gem. Pfeffer
1 TL Zucker oder Honig
3 EL Wasser von den Gurken

2 EL Schnittlauchröllchen

PRO PORTION:

E: 8 g, F: 43 g, Kh: 46 g, kcal: 609

1. Kartoffeln gründlich waschen, evtl. abbürsten und in einem Topf mit Salzwasser zum Kochen bringen. Kartoffeln in 25–30 Minuten gar kochen. Kartoffeln abgießen, abdämpfen, pellen, lauwarm abkühlen lassen und in Scheiben schneiden.

2. Zwiebel abziehen und fein würfeln. Frühlingszwiebeln putzen, abspülen, abtropfen lassen und in Scheiben schneiden.

3. Radieschen putzen, abspülen und vierteln. Cornichons in ein Sieb geben und abtropfen lassen. Das Gurkenwasser dabei auffangen. Cornichons in Scheiben schneiden.

4. Für die Sauce Mayonnaise mit Senf und Crème fraîche verrühren. Mit Salz, Pfeffer und Zucker oder Honig würzen.

5. Kartoffeln, Zwiebelwürfel, Frühlingszwiebeln, Radieschen und Gurken mit der Mayonnaise vermengen und den Salat mit Frischhaltefolie zugedeckt etwa 30 Minuten im Kühlschrank durchziehen lassen.

6. Vor dem Servieren den Salat nochmals mit Salz, Pfeffer, Zucker oder Honig und Gurkenwasser abschmecken. Mit Schnittlauchröllchen bestreuen.

KARTOFFELSALAT MIT BÄRLAUCH

Zubereitungszeit: 45 Minuten, ohne Abkühl- und Durchziehzeit

ZUTATEN FÜR 4 PORTIONEN

700 g festkochende kleine Kartoffeln
1 Bund Bärlauch
1 Bärlauchstängel mit Blütenansätzen
2 Schalotten oder Zwiebeln
200 ml Gemüsebrühe
2 EL Weißweinessig
4 EL Olivenöl
Salz
gem. Pfeffer

400 g Hähnchenbrustfilet
2 EL Olivenöl
2 EL Schmand (Sauerrahm)

PRO PORTION:

E: 27 g, F: 16 g, Kh: 24 g, kcal: 355

1. Kartoffeln unter fließendem Wasser abbürsten, knapp mit Wasser bedeckt, zugedeckt zum Kochen bringen und in etwa 20 Minuten gar kochen. Kartoffeln abgießen, mit kaltem Wasser abschrecken und abtropfen lassen. Kartoffeln noch warm pellen. Kartoffeln in Scheiben schneiden und in eine Schüssel geben.

2. Bärlauch abspülen und trocken tupfen. Bärlauchstängel zum Garnieren beiseitelegen. Die Blätter von den Stängeln zupfen. Blätter klein schneiden. Schalotten oder Zwiebeln abziehen und in kleine Würfel schneiden. Bärlauch und Schalotten- oder Zwiebelwürfel zu den Kartoffelscheiben geben.

3. Brühe mit Essig und Olivenöl in einem Topf erhitzen. Mit Salz und Pfeffer würzen. Die Brühe über die Salatzutaten gießen und vorsichtig mischen. Den Salat 1–2 Stunden ziehen lassen.

4. Hähnchenbrustfilets mit Küchenpapier abtupfen und in Würfel schneiden. Olivenöl in einer Pfanne erhitzen. Hähnchenwürfel von allen Seiten darin braten. Mit Salz und Pfeffer würzen.

5. Die Hähnchenbrustwürfel auf dem Salat verteilen und mit dem beiseitegelegten Bärlauchstängel garniert sofort servieren. Den Schmand glatt rühren und dazureichen oder in Klecksen auf den Salat geben.

TIPP:

Anstelle von Bärlauch können Sie auch Petersilie oder ein wenig Knoblauch verwenden.

KARTOFFELSALAT MIT PESTO

Zubereitungszeit: 40 Minuten, ohne Durchziehzeit
+ Vegetarisch

ZUTATEN FÜR 4 PORTIONEN

1 kg kleine, neue Kartoffeln
Salz
200 g getrocknete Tomaten in Öl (aus dem Glas)
90 g grünes Pesto (aus dem Glas)
Saft von 1–2 Zitronen
gem. Pfeffer
2–3 EL Öl von den Tomaten

PRO PORTION:

E: 10 g, F: 19 g, Kh: 50 g, kcal: 431

1. Kartoffeln gründlich waschen, evtl. abbürsten, in einem Topf mit Salzwasser zum Kochen bringen und 25–30 Minuten gar kochen. Kartoffeln abgießen, abdämpfen und ungepellt halbieren.

2. Eingelegte Tomaten in ein Sieb geben und abtropfen lassen. Das Tomatenöl auffangen.

3. Grünes Pesto und Zitronensaft in eine Schüssel geben und gut verrühren. Die Tomaten hinzufügen. Kartoffelhälften unterheben.

4. Den Salat mit Salz, Pfeffer und Tomatenöl abschmecken.

5. Den Salat zugedeckt etwa 1 Stunde durchziehen lassen, nicht kalt stellen.

BEILAGE:

Gegrillte Schweine- oder Rindersteaks.

KARTOFFEL-SPITZKOHL-SALAT MIT KASSELER

Zubereitungszeit: 50 Minuten, ohne Abkühlzeit

ZUTATEN FÜR 6 PORTIONEN

1 kg festkochende, kleine Kartoffeln
2 TL ganze Kümmelsamen
1 mittelgroßer Spitzkohl (etwa 600 g)
500 ml Gemüsebrühe
350 g Kasseler-Aufschnitt

FÜR DIE SAUCE:

150 ml Gemüsebrühe
150 g Crème fraîche
1 geh. EL Salatmayonnaise
2 EL körniger Senf
etwas Currypulver
Salz
gem. Pfeffer
1 Prise Zucker
2 TL ganze Kümmelsamen

ZUSÄTZLICH:

einige Petersilienblättchen

PRO PORTION:

E: 18 g, F: 13 g, Kh: 27 g, kcal: 328

1. Kartoffeln gründlich waschen, evtl. abbürsten und in einem Topf mit Wasser zum Kochen bringen, Kümmelsamen hinzugeben. Zugedeckt in 20–25 Minuten gar kochen. Kartoffeln abgießen, abdämpfen, sofort pellen und lauwarm abkühlen lassen. Kartoffeln in Scheiben schneiden und beiseitestellen.

2. Spitzkohl putzen, vierteln und den Strunk entfernen. Spitzkohl in feine Streifen schneiden, waschen und abtropfen lassen. Brühe in einem Topf zum Kochen bringen. Kohlstreifen hinzufügen, zum Kochen bringen und 2–5 Minuten kochen. Kohlstreifen in einem Sieb abtropfen und erkalten lassen. Kasseler-Aufschnitt in Streifen schneiden.

3. Für die Sauce Gemüsebrühe mit Crème fraîche, Mayonnaise und Senf verrühren. Mit Curry, Salz, Pfeffer und Zucker abschmecken. Kümmelsamen unterrühren.

4. Abwechselnd Kartoffelscheiben, Spitzkohl-, Kasselerstreifen und Sauce in eine hohe Glasschale schichten, dabei Kartoffelscheiben jeweils mit etwas Salz bestreuen. Mit Petersilienblättchen garnieren.

KARTOFFEL-WEDGES-SPIESSE

- Zubereitungszeit: 40 Minuten, ohne Abkühl- und Durchziehzeit
  Grillzeit: 10–20 Minuten
- + Vegetarisch

ZUTATEN FÜR 8 PORTIONEN (8 SPIESSE):

2 kg festkochende Kartoffeln
Salz

1 Bund Majoran
30 ml Pflanzenöl, z. B. Rapsöl
1 TL Paprikapulver edelsüß
1 TL bunter geschroteter Pfeffer

FÜR DIE SOJA-KRÄUTER-CREME:

1 kleines Bund glatte Petersilie
1 kleines Bund Koriander
150 g Speisequark (40 % Fett)
350 g Mayonnaise
2 EL Sojasauce
gem. Pfeffer

ZUSÄTZLICH:

16 Grillspieße (etwa 25 cm lang, z. B. Bambusspieße, über Nacht in Wasser eingelegt)
etwas Öl für den Grillrost

PRO PORTION:

E: 8 g, F: 42 g, Kh: 41 g, kcal: 585

1. Die Kartoffeln gründlich waschen bzw. abbürsten und längs vierteln. Wasser in einem Topf zugedeckt zum Kochen bringen. 2 gestrichene Teelöffel Salz und Kartoffelviertel hinzugeben. Die Kartoffelviertel in 10–12 Minuten bissfest garen. Dann die Kartoffeln abgießen und in einem Sieb erkalten lassen.

2. Majoran abspülen, trocken tupfen und die Blättchen von den Stängeln zupfen. Einige Blättchen zum Garnieren beiseitelegen. Restliche Blättchen klein schneiden.

3. Die Kartoffelviertel in eine große Schüssel geben, mit Pflanzenöl, Paprikapulver, Pfeffer, Majoran und Salz vermischen. Die Kartoffelviertel etwa 15 Minuten durchziehen lassen.

4. Inzwischen für die Soja-Kräuter-Creme Petersilie und Koriander abspülen, trocken tupfen und die Blättchen von den Stängeln zupfen. Die Blättchen fein schneiden.

5. Quark und Mayonnaise in einer Schüssel verrühren. Kräuter und Sojasauce unterrühren, nach Belieben das Ganze pürieren. Die Creme mit Pfeffer und evtl. etwas Salz abschmecken.

6. Jeweils etwa 8 Kartoffelviertel auf 2 Spieße stecken. Die Spieße auf dem Grillrost (gefettet) des heißen Grills bei nicht so starker Hitze 10–20 Minuten grillen, dabei die Spieße gelegentlich wenden.

7. Die Kartoffel-Wedges-Spieße mit der Soja-Kräuter-Creme servieren.

KICHERERBSEN-BULGUR-SALAT

Zubereitungszeit: 30 Minuten, ohne Abkühlzeit
+ Vegetarisch

ZUTATEN FÜR 4 PORTIONEN

FÜR DEN SALAT:

70 g Instant-Bulgur
Gemüsebrühe (nach Packungsanleitung)
1 EL gestiftelte Mandeln
1 Orange
4 Frühlingszwiebeln
150 g Cocktailtomaten
265 g abgespülte, abgetropfte Kichererbsen (aus der Dose)
1 EL Rosinen

FÜR DIE SAUCE:

2 Stängel Pfefferminze
1 Bio-Limette (unbehandelt, ungewachst)
Salz
gem. Pfeffer
1 Prise Zucker
3 EL Olivenöl

FÜR DAS SALAT-TOPPING:

150 g Joghurt (3,5 % Fett)
½ TL Chilipulver

½ Avocado
etwa 1 ½ EL Zitronensaft

PRO PORTION:

E: 10 g, F: 19 g, Kh: 36 g, kcal: 377

1. Für den Salat Bulgur mit Brühe nach Packungsanleitung zubereiten. Bulgur abkühlen lassen. Die Mandeln in einer Pfanne ohne Fett unter Wenden anrösten, dann auf einen Teller geben.

2. Die Orange so schälen, dass die weiße Haut mit entfernt wird. Orangen filetieren, dabei den Saft auffangen. Filets halbieren. Frühlingszwiebeln putzen, abspülen, abtropfen lassen, in feine Scheiben schneiden. Die Tomaten abspülen, abtrocknen und vierteln, dabei die Stängelansätze herausschneiden.

3. Bulgur mit 2 Gabeln auflockern. Kichererbsen, Orangenfilets, Frühlingszwiebelscheiben, Tomatenviertel, Rosinen und ½ Esslöffel von den Mandeln hinzugeben.

4. Für die Sauce Minze abspülen, trocken tupfen. Die Blättchen von den Stängeln zupfen. Einige Blättchen zum Garnieren beiseitelegen. Restliche Blättchen fein schneiden.

5. Limette heiß abwaschen und abtrocknen. Die Schale von ½ Limette fein abreiben. Limette halbieren und auspressen. 1 Teelöffel Limettensaft für das Salat-Topping abmessen und beiseitestellen.

6. Aufgefangenen Orangensaft, Limettensaft und -schale mit etwas Salz, Pfeffer und Zucker verrühren. Olivenöl unterschlagen. Sauce und Salatzutaten vermischen.

7. Für das Topping Joghurt mit dem beiseitegestellten Limettensaft und Chili glatt rühren. Von der Avocado den Stein herauslösen. Das Fruchtfleisch aus der Schale lösen, in Stücke schneiden und sofort mit Zitronensaft beträufeln.

8. Den Salat nochmals umrühren, abschmecken und z. B. in Gläsern verteilen. Darauf jeweils einen Klecks vom Topping und einige Avocadostücke geben. Salat mit beiseitegelegten Minzeblättchen und restlichen Mandeln garniert servieren.

KOKOS-HÄHNCHENFILETS IM BANANENBLATT

Zubereitungszeit: 60 Minuten
Grillzeit: 20–30 Minuten

ZUTATEN FÜR 4 PORTIONEN

4 große Bananenblätter
Salz

2 mittelgroße Zucchini (je etwa 350 g)
gem. Pfeffer
Cayennepfeffer
4 Hähnchenbrustfilets (je etwa 150 g)
4 EL Sojasauce
2 Fleischtomaten
1 Topf Zitronenbasilikum oder Basilikum
100 ml ungesüßte Kokosmilch (aus der Dose)
40 g Kokosraspel
80 g Kräuterbutter (8 Scheiben)

ZUSÄTZLICH:

kleine Holzspieße

PRO PORTION:

E: 46 g, F: 32 g, Kh: 44 g, kcal: 652

1. Bananenblätter abspülen, abtropfen lassen und die dicken Mittelblattrippen herausschneiden. Blätter so halbieren, dass die Hähnchenbrustfilets darin eingewickelt werden können. Salzwasser in einem großen Topf zum Kochen bringen und die Blätter kurz hineinlegen, herausnehmen, mit kaltem Wasser abschrecken und gut abtropfen lassen.

2. Zucchini abspülen, abtropfen lassen und die Enden abschneiden. Zucchini in sehr dünne Scheiben schneiden (evtl. mit einer Aufschnittmaschine) und Zucchinischeiben dachziegelartig in die Mitte der Bananenblätter legen. Mit Salz, Pfeffer und Cayennepfeffer bestreuen.

3. Hähnchenbrustfilets mit Küchenpapier abtupfen und in Streifen schneiden. Hähnchenstreifen auf die Zucchinischeiben legen und mit Sojasauce beträufeln.

4. Tomaten kreuzweise einschneiden und mit kochendem Wasser übergießen. Nach 1–2 Minuten herausnehmen und mit kaltem Wasser abschrecken. Tomaten häuten, halbieren und die Stängelansätze herausschneiden. Tomaten entkernen und das Fruchtfleisch in feine Würfel schneiden.

5. Basilikum abspülen, trocken tupfen und die Blättchen von den Stängeln zupfen. Einige Blättchen zum Garnieren beiseitelegen. Tomatenwürfel und Basilikumblättchen auf die Hähnchenstreifen geben und je 2 Esslöffel Kokosmilch daraufträufeln. Kokosraspel daraufstreuen und mit je 2 Scheiben Kräuterbutter belegen.

6. Bananenblätter fest zu einem Päckchen zusammenfalten, sodass keine Flüssigkeit auslaufen kann, mit Holzstäbchen feststecken. Auf dem heißen Grill etwa 20–30 Minuten grillen.

7. Hähnchenfilets mit den beiseitegelegten Basilikumblättchen garnieren und servieren.

KRÄUTERBUTTER

● Zubereitungszeit: 20 Minuten
+ Vegetarisch

ZUTATEN FÜR 4 PORTIONEN

100 g Butter (zimmerwarm)
2 TL fein gehackte Pimpinelleblättchen
2 TL fein gehackte Basilikumblättchen
1 TL Schalottenwürfel
1 abgezogene, zerdrückte Knoblauchzehe
6 fein gehackte Estragonblättchen
1 TL Zitronensaft
einige Tropfen Worcestersauce
gem. weißer Pfeffer, Salz

PRO PORTION:

E: 1 g, F: 21 g, Kh: 1 g, kcal: 198

1. Butter in eine Rührschüssel geben und mit einem Mixer (Rührstäbe) geschmeidig rühren.

2. Butter mit Pimpinelle- und Basilikumblättchen, Schalottenwürfeln, Knoblauch, Estragonblättchen und Zitronensaft verrühren.

3. Mit Worcestersauce, weißem Pfeffer und Salz abschmecken.

TIPPS:

Kräuterbutter mit jeweils nur einem Kraut zubereiten, z. B. als Basilikumbutter, Estragonbutter, Salbeibutter, Thymianbutter, und in kleinen Schälchen servieren. 1 Zweig des jeweiligen Krautes dazulegen.
Passt zu Grillgemüse und zu knusprig aufgebackenen Baguettes.
Anstelle von Kräutern können Sie die Butter auch mit Chiliflocken oder mit der abgeriebenen Schale von 1 Bio-Limette (unbehandelt, ungewachst) mischen.

KRÄUTERDRESSING MIT BUTTERMILCH (IM FOTO UNTEN)

- Zubereitungszeit: 15 Minuten
- Vegetarisch

ZUTATEN FÜR 4 PORTIONEN

3 Stängel Petersilie
½ Kästchen Kresse
125 g Buttermilch
1 TL flüssiger Honig
1 TL mittelscharfer Senf
2 EL Olivenöl
Salz, gem. Pfeffer

INSGESAMT:

E: 5 g, F: 21 g, Kh: 11 g, kcal: 257

1. Petersilie abspülen und trocken tupfen. Die Blättchen von den Stängeln zupfen. Blättchen grob hacken. Kresse abspülen, abschneiden, trocken tupfen und 1 Teelöffel zum Garnieren beiseitelegen.

2. Kräuter, Buttermilch, Honig, Senf und Olivenöl in einen hohen Rührbecher geben und mit einem Pürierstab pürieren.

3. Dressing mit Salz und Pfeffer abschmecken und mit der beiseitegelegten Kresse garnieren.

REZEPTVARIANTE:

Für ein **Zitronen-Buttermilch-Dressing** (im Foto oben) 125 g Buttermilch mit 150 g Crème fraîche und 1 Päckchen Geriebener Zitronenschale verrühren. Mit Salz und Pfeffer würzen und 2 Esslöffel Schnittlauchröllchen unterrühren.

KRÄUTER-VINAIGRETTE

(IM FOTO UNTEN)

Zubereitungszeit: 15 Minuten
+ Vegetarisch

ZUTATEN FÜR 4–6 PORTIONEN

½ EL mittelscharfer Senf
2 EL Kräuter- oder Balsamico-Essig
Salz
gem. Pfeffer
1 Prise Zucker
100 ml Olivenöl
3 Knoblauchzehen
einige gemischte Kräuterstängel, z. B. Petersilie, Schnittlauch, Basilikum, Kresse

PRO PORTION:

E: 0 g, F: 20 g, Kh: 1 g, kcal: 182

1. Senf mit Essig verrühren, mit Salz, Pfeffer und Zucker abschmecken. Das Öl unterschlagen.

2. Knoblauchzehen abziehen und fein hacken. Die Kräuter abspülen und trocken tupfen. Blättchen von den Stängeln zupfen. Blättchen fein hacken. Knoblauch und Kräuter unter die Vinaigrette rühren.

TIPP:

Diese Vinaigrette passt gut zu gemischten Salaten aus Blattsalaten und Gemüse, z. B. Eisbergsalat mit Tomate, Gurke und Paprika.

REZEPTVARIANTE:

Für ein **Kräuter-Joghurt-Dressing** (im Foto oben) Saft von 1 Zitrone auspressen und auffangen. 300 g Joghurt (1,5 % Fett) mit Zitronensaft verrühren und mit Zucker, Salz und frisch gemahlenem Pfeffer abschmecken. Einige Stängel Zitronenmelisse und einige gemischte Kräuterstängel (z. B. Petersilie, Schnittlauch, Basilikum und Kresse) abspülen und trocken tupfen. Die Blättchen von den Stängeln zupfen, fein hacken und unter die Sauce rühren.

TIPP:

Das Kräuter-Joghurt-Dressing können Sie zu einfachen Blattsalaten reichen.

KRAUTSALAT

- Vorbereitung: max. 2 Tage im Voraus
  Zubereitungszeit: 30 Minuten, ohne Durchziehzeit
- Vegetarisch

ZUTATEN FÜR 12 PORTIONEN

1–1 ½ kg Weißkohl
300 g Gemüsezwiebeln
1 TL Kümmelsamen
4 EL Speiseöl, z. B. Sonnenblumen- oder Rapsöl

FÜR DIE MARINADE:

5 EL Weißweinessig
1 TL Selleriesalz
1 gestr. TL Salz
½ TL gem. Pfeffer
1–2 EL Zucker
1–2 TL ger. Meerrettich (aus dem Glas)

PRO PORTION:

E: 1 g, F: 4 g, Kh: 7 g, kcal: 67

1. Von dem Weißkohl die äußeren welken Blätter entfernen. Den Kohl vierteln, abspülen, abtropfen lassen und den Strunk herausschneiden. Den Kohl in feine Streifen schneiden oder hobeln. Gemüsezwiebeln abziehen und in feine Streifen schneiden. Die Kohl- und Zwiebelstreifen in eine große Schüssel geben. Kümmel mit ein paar Tropfen Speiseöl auf einem Schneidbrett grob hacken. (Hinweis: Das Öl dient dazu, dass der Kümmel beim Hacken nicht wegspringt.)

2. Für die Marinade restliches Speiseöl mit Essig, Selleriesalz, Salz, Pfeffer, Zucker und Meerrettich in einen Topf geben und einmal aufkochen lassen.

3. Die heiße Marinade und den Kümmel über den Weißkohlsalat geben und gut vermengen. Den Salat etwa 60 Minuten oder über Nacht durchziehen lassen.

4. Den Salat vor dem Servieren mit Salz, Pfeffer, Meerrettich und Zucker abschmecken.

TIPPS:

Für eine nicht-vegetarische Variante nach Belieben den Salat mit kross gebratenen Baconscheiben belegen.
Wenn Sie den Weißkohlsalat durchkneten, wird er noch weicher und zieht besser durch.
Statt Weißkohl können sie auch Spitzkohl verwenden.

REZEPTVARIANTE:

Für **Krautsalat mit Sonnenblumenkernen** 2 Esslöffel Sonnenblumenkerne in einer Pfanne ohne Fett rösten und auf den fertigen Salat streuen.

LACHS VON DER HOLZPLANKE

● Zubereitungszeit: 20–25 Minuten, ohne Einweichzeit
Grillzeit: etwa 15 Minuten

ZUTATEN FÜR 4 PORTIONEN

FÜR DAS DRESSING:

1 Bio-Limette (unbehandelt, ungewachst)
2 Frühlingszwiebeln
2 Knoblauchzehen
2 EL weißer Balsamico-Essig
2 EL mittelscharfer Senf
2 EL flüssiger Honig
1 TL frisch geschrotete, bunte Pfefferkörner
¼ TL Chiliflocken
50 ml Rapsöl

2 Bio-Limetten (unbehandelt, ungewachst)
1 Seite Lachs (1–1,2 kg)
mit Haut, ohne Gräten, küchenfertig
Meersalz
gem. Pfeffer

1 unbehandeltes Buchen- oder Zedernholzbrett
(etwa 2 cm dick), 1–2 Stunden gewässert

PRO PORTION:

E: 46 g, F: 45 g, Kh: 7 g, kcal: 613

1. Für das Dressing die Limette heiß abwaschen, abtrocknen und die Schale abreiben. Die Limette halbieren und den Saft auspressen. Die Frühlingszwiebeln putzen, abspülen, abtropfen lassen und fein schneiden. Die Knoblauchzehen abziehen und durch eine Knoblauchpresse drücken. Alle Dressingzutaten (bis auf das Rapsöl) in einem hohen Rührbecher mit dem Pürierstab mixen. Das Öl nach und nach dazugeben, sodass eine glatte Masse entsteht.

2. Die Limetten heiß abwaschen, abtrocknen, halbieren und in Scheiben schneiden. Die Lachsseite mit Küchenpapier abtupfen und portionsweise bis auf die Haut einschneiden. Mit Meersalz und Pfeffer würzen und ordentlich – auch in den Einschnitten – mit dem Dressing bestreichen. In jeden Einschnitt ½ Limettenscheibe stecken.

3. Die Holzplanke aus dem Wasser nehmen und anschließend auf dem vorbereiteten Grill (direktes Grillen, starke Hitze) zum Qualmen bringen (3–4 Minuten).

4. Dann den vorbereiteten Lachs mit einer großen Palette mit der Hautseite nach unten auf die Planke legen und etwa 15 Minuten bei mittlerer Hitze (indirekter Grillbereich, Deckel geschlossen) garen.

5. Die Planke vom Grill nehmen und die vorportionierten Stücke von der Haut heben oder direkt von der Planke essen.

TIPP:

Anstelle der Vinaigrette kann man die Lachsseite auch mit einem Basilikumpesto bestreichen und auf der Planke garen.

LACHSFILET IM BANANENBLATT

Zubereitungszeit: 40 Minuten
Grillzeit: 10–15 Minuten

ZUTATEN FÜR 4 PORTIONEN

FÜR DIE FÜLLUNG:

1–2 Knoblauchzehen
100 g Walnusskerne
2 EL gehackter Dill
1 EL gehackter Koriander
1 EL gehackte Petersilie
½ Bio-Limette (unbehandelt, ungewachst)
Salz, gem. Pfeffer

4 Lachsfilets aus dem Mittelstück der Lachsseite ohne Haut (je 200–230 g)

ZUSÄTZLICH:

4 Bananenblätter, (Ø je etwa 20 cm)
Zahnstocher oder Küchengarn

PRO PORTION:

E: 44 g, F: 44 g, Kh: 3 g, kcal: 579

1. Für die Füllung den Knoblauch abziehen und zusammen mit den Walnusskernen und den Kräutern in einem Blitzhacker zu einer groben Paste verarbeiten. Limette heiß abwaschen, abtrocknen und 4 dünne Scheiben abschneiden. Die Limettenscheiben beiseitelegen. Den Saft der restlichen Limette auspressen. Die Walnuss-Kräuter-Paste mit etwas Limettensaft, Salz und Pfeffer gut abschmecken.

2. Lachsfilets mit Küchenpapier abtupfen. Die Filets auf der langen Seite mit einem scharfen, dünnen Messer einschneiden. Die Tasche soll jeweils etwa 2–3 cm vom Rand des Filets entfernt beginnen und enden und möglichst tief sein.

3. Den Grill für direktes Grillen vorbereiten und vorheizen (170–180 °C). Bananenblätter kurz von beiden Seiten auf dem heißen Grill erwärmen und dann nebeneinander auf die Arbeitsfläche legen.

4. Die Filets rundherum mit Salz und Pfeffer würzen. Die Füllung in den vorbereiteten Taschen verteilen und jeweils 1 Filet auf 1 Bananenblatt setzen. Je 1 von den beiseitegelegten Limettenscheiben auf jedes Filet legen. Gefüllten Lachs in den Bananenblättern einschlagen, mit Zahnstochern fixieren oder mit Küchengarn verschnüren.

5. Päckchen auf dem heißen Grill von beiden Seiten insgesamt 10–15 Minuten grillen und im Bananenblatt servieren.

TIPPS:

Die Fischpäckchen z. B. mit Kichererbsen-Bulgur-Salat (S. 99) servieren.
Die Päckchen lassen sich gut einige Stunden zuvor vorbereiten.
Anstelle von Lachs kann auch z. B. Kabeljau oder Red Snapper verwendet werden.
Achten Sie beim Kauf des Fisches auf die Siegel von MSC, ASC oder verwenden Sie Bio-Produkte.

REZEPTVARIANTE:

Gefülltes Lachsfilet in Weinblättern. Der Lachs kann auch in Weinblättern (16–24 Stück, je nach Größe) gegart werden. Dafür die eingelegten Weinblätter behutsam unter fließend kaltem Wasser abspülen und nochmals etwa 30 Minuten in klarem Wasser einweichen lassen. Dann das Wasser abschütten, die Blätter gut abtropfen lassen und mit Küchenpapier abtupfen. Jeweils 4–6 Weinblätter zu einem Rechteck zusammenlegen und die gefüllten Lachsfilets mit der Limettenscheibe darin einrollen. Die Päckchen mit Küchengarn verschnüren. Die Lachspäckchen bei dieser Methode auf einem geölten Grillrost garen. Die Garzeit beträgt hier insgesamt 8–12 Minuten.

LACHSFILET IM HOLZSPAN

Zubereitungszeit: 30 Minuten
Grillzeit: 12–15 Minuten

ZUTATEN FÜR 4 PORTIONEN

1 rote Chilischote
abger. Schale von 1 Bio-Zitrone (unbehandelt, ungewachst)
1 EL gehackte Petersilie
1 EL gehackter Dill
½ EL gehackte Rosmarinnadeln
4 Lachsfilets ohne Haut (je 180–200 g)
Salz
gem. Pfeffer
etwas Olivenöl

ZUSÄTZLICH:

4 Stück Holzspan/Holzpapier/Wooden Paper, z. B. Kirsche für ein mildes, fruchtiges Aroma
4 x 15 cm Küchengarn

PRO PORTION:

E: 40 g, F: 31 g, Kh: 1 g, kcal: 429

1. Holzpapier und Küchengarn etwa 20 Minuten in Wasser einlegen.

2. Die Chilischote längs halbieren, entkernen und den Stiel entfernen. Die Schote abspülen, abtropfen lassen und in Würfel schneiden. Chilischote mit Zitronenschale und Kräutern mischen.

3. Den Grill für direktes Grillen vorbereiten (160–180 °C).

4. Lachs mit Küchenpapier abtupfen, mit Salz und Pfeffer würzen und rundherum mit der Zitronen-Kräuter-Mischung bestreuen. Je 1 Lachsfilet auf 1 gut gewässertes Holzpapier setzen (die lange Seite des Fisches längs zur Maserung des Holzes). Den Fisch mit etwas Olivenöl beträufeln, in dem Holzpapier einrollen und mithilfe des gewässerten Garns fixieren.

5. Die Fischpakete auf dem Grillrost 12–15 Minuten grillen. Pakete nach der Hälfte der Grillzeit wenden.

6. Garn entfernen und den Fisch im Holzspan servieren.

TIPPS:

Bulgursalat (S. 20) oder Kartoffelsalat mit Pesto (S. 94) zum Fisch reichen.
Das Holzpapier kann z. B. auch in Wasser mit Zitronensaft, mit Apfelsaft oder mit Weißwein getränkt werden.
Nehmen Sie anstelle des Lachs einen anderen Fettfisch, z. B. Buttermakrele, Schwertfisch oder Schwarzen Heilbutt.
Achten Sie beim Kauf der Garnelen auf die Siegel von MSC, ASC oder Bio Produkten.

LACHSFORELLE IN ZEITUNGSPAPIER

Zubereitungszeit: 40 Minuten
Grillzeit: etwa 30 Minuten

ZUTATEN FÜR 4 PORTIONEN

2 Lachsforellen (je 1–1,2 kg)
Meersalz
gem. Pfeffer
2 Bio-Zitronen (unbehandelt, ungewachst)
1 Bund Kräuter, z. B. Dill, glatte Petersilie, Basilikum und Thymian
1 Bund Frühlingszwiebeln
2 TL Fenchelsamen
2 Lorbeerblätter

ZUSÄTZLICH:

8 Doppelseiten Zeitungspapier
Küchengarn

PRO PORTION:

E: 40 g, F: 13 g, Kh: 3 g, kcal: 302

1. Die Lachsforellen mit Küchenpapier abtupfen, von innen und außen mit Meersalz und Pfeffer einreiben.

2. Zitronen heiß abwaschen, abtrocknen und in dünne Scheiben schneiden. Kräuter abspülen und trocken tupfen. Frühlingszwiebeln putzen, abspülen, gut abtropfen lassen und in Scheiben schneiden. Fenchelsamen andrücken.

3. Die Zeitungsdoppelseite an der langen Seite halbieren, sodass 16 gleich große Zeitungspapierstreifen entstehen. Zeitungsstreifen zu 2 Stapeln übereinanderlegen, dabei jeden Streifen mit etwas Wasser befeuchten.

4. Die Fische jeweils auf die Mitte des Papierstapels legen und mit der Hälfte der Zitronenscheiben, Kräuter, Frühlingszwiebeln, Fenchelsamen und mit je 1 Lorbeerblatt füllen. Die restlichen Zutaten unter und auf den Forellen verteilen. Die Fische fest in das Zeitungspapier einschlagen und gut mit Küchengarn zusammenbinden.

5. Den Grill für direktes Grillen vorbereiten (160–180 °C). Die Fischpakete etwa 1 Minute in einem Wasserbad untertauchen und abgetropft im geschlossenen Grill auf dem Grillrost etwa 15 Minuten je Seite grillen.

6. Am Ende der Garzeit die Pakete mit einer Schere öffnen und im Papier servieren

TIPPS:

Meersalz, gutes Olivenöl und knuspriges Baguette zum Fisch reichen.
Anstelle von Zeitungspapier kann auch Packpapier verwendet werden.
Achten Sie beim Kauf des Fisches auf die Siegel von MSC, ASC oder verwenden Sie Bio-Produkte.

LACHSFORELLE MIT GRÜNER TABASCO-MAYONNAISE

- Zubereitungszeit: 15–20 Minuten, ohne Marinierzeit
  Grillzeit: 4–6 Minuten

ZUTATEN FÜR 4 PORTIONEN

FÜR DIE TABASCO-MAYONNAISE:

1 Bund Dill
1 Bund Schnittlauch
2 Bund Petersilie
1 Becher (150 g) saure Sahne
2 EL Salatmayonnaise
1 TL mittelscharfer Senf
1 hart gekochtes Ei, gepellt und klein geschnitten
abger. Schale und Saft von 1 Bio-Limette (unbehandelt, ungewachst)
Salz
gem. Pfeffer
1 Prise Zucker
grüne Tabascosauce

FÜR DIE LIMETTEN-MAJORAN-MARINADE:

1 Knoblauchzehe
4 Stängel Majoran
120 ml Olivenöl
abger. Schale und Saft von 2 Bio-Limetten (unbehandelt, ungewachst)

FÜR DIE LACHSFORELLENFILETS:

4 Lachsforellenfilets mit Haut, küchenfertig, ohne Gräten (200–230 g)
1 TL frisch geschroteter bunter Pfeffer

ZUSÄTZLICH:

etwas Fett für den Grillrost

PRO PORTION:

E: 43 g, F: 60 g, Kh: 4 g, kcal: 731

1. Für die Mayonnaise Dill, Schnittlauch und Petersilie abspülen und trocken tupfen. Die Blättchen und Spitzen vom Dill und von der Petersilie von den Stängeln zupfen und klein schneiden. Die Hälfte von der Petersilie beiseitelegen. Den Schnittlauch in Röllchen schneiden. Alle Zutaten für die grüne Tabasco-Mayonnaise mit einem Schneebesen in einer Schüssel verrühren. Mit Salz, frisch gemahlenem Pfeffer, Zucker und grüner Tabascosauce, je nach Schärfebedarf, abschmecken.

2. Für die Limetten-Majoran-Marinade Knoblauch abziehen und durch eine Knoblauchpresse drücken. Majoran abspülen und trocken tupfen. Blättchen von den Stängeln zupfen. Blättchen klein schneiden.

3. Knoblauch mit klein geschnittenem Majoran und den Stängeln in einer Schüssel mit Olivenöl, Limettenschale und -saft vermischen, mit Salz und Pfeffer abschmecken.

4. Für die Lachsforellenfilets die Filets mit Küchenpapier abtupfen. Die restliche Petersilie und den geschroteten Pfeffer zur Limetten-Majoran-Marinade geben und die Filets darin einlegen. 4–5 Minuten ziehen lassen.

5. Filets abtropfen lassen und mit der Hautseite nach oben auf dem vorbereiteten Grill (direktes Grillen, starke Hitze, Rost gefettet, Deckel geschlossen) 3–4 Minuten grillen.

6. Dann das Filet mit einem ausreichend großen Wender umdrehen und auf der Hautseite zu Ende grillen. Für einen halb durchgegarten Fisch noch 1–2 Minuten auf dem Grill lassen.

7. Den Wender zwischen Haut und Fleisch schieben, die Filets von der Haut heben und zusammen mit der grünen Tabasco-Mayonnaise anrichten.

LACHSSCHNITTEN MIT GURKEN-TOMATEN-SALAT

Zubereitungszeit: 65 Minuten,
ohne Auftau- und Durchziehzeit
Grillzeit: etwa 15 Minuten

ZUTATEN FÜR 4 PORTIONEN

ZUM VORBEREITEN:

10 Bögen Alufolie
2 EL Speiseöl, z. B. Sonnenblumenöl

5 Pck. TK-Lachsfilets (je 250 g, 2 Filets je Pck.)
Salz, gem. Pfeffer
2 Pck. gehackter TK-Dill
1 Bio-Zitrone (unbehandelt, ungewachst)

FÜR DEN GURKEN-TOMATEN-SALAT:

5 Tomaten (etwa 700 g)
1 Salatgurke (etwa 800 g)
3–4 EL Kräuteressig
5 EL Speiseöl, z. B. Sonnenblumenöl

PRO PORTION:

E: 31 g, F: 11 g, Kh: 4 g, kcal: 447

1. Zum Vorbereiten Alufolie auf einer Seite mit Öl bestreichen. Lachsfilets auftauen lassen.

2. Lachsfilets mit Küchenpapier abtupfen und mit Salz und Pfeffer würzen. Je 1 Stück Lachsfilet auf einen gefetteten Bogen Alufolie legen.

3. Lachsfilets mit zwei Drittel von dem Dill bestreuen. Zitrone gründlich heiß abwaschen, abtrocknen und in Scheiben schneiden. Jedes Lachsfiletstück mit 1 Zitronenscheibe belegen und in der Alufolie einpacken.

4. Für den Salat Tomaten abspülen, abtropfen lassen und die Stängelansätze herausschneiden. Tomaten vierteln. Gurke schälen, in dünne Scheiben schneiden oder hobeln. Essig mit Salz und Pfeffer würzen und mit Öl verrühren. Die Gurkenscheiben und Tomatenviertel mit der Marinade vermischen und mit dem restlichen Dill bestreuen. Den Salat mit Frischhaltefolie zugedeckt im Kühlschrank etwa 1 Stunde durchziehen lassen.

5. Die Lachsfilet-Päckchen auf den heißen Grill legen und unter gelegentlichem Wenden etwa 15 Minuten grillen.

LAMMBURGER

◷ Zubereitungszeit: 10–15 Minuten, ohne Ruhezeit
Grillzeit: 10–14 Minuten

ZUTATEN FÜR 4 PORTIONEN

1 Zwiebel
2 Knoblauchzehen
1 kg Lammgehacktes
1 TL Sambal Oelek
2 EL Salz, ½ EL geschroteter Pfeffer
4 Hamburgerbrötchen XXL
1 Römersalatherz
4 geh. TL Zaziki (S. 210)
400 g Schale mit Krautsalat, in einem Sieb gut abtropfen lassen oder einfach ausdrücken
4 TL abgetropfte schwarze oder grüne Olivenringe

ZUSÄTZLICH:

etwas Fett für den Grillrost

PRO PORTION:

E: 55 g, F: 56 g, Kh: 49 g, kcal: 932

1. Zwiebel und Knoblauch abziehen. Zwiebel fein würfeln und Knoblauch durch eine Knoblauchpresse drücken. Hackfleisch mit gewürfelten Zwiebeln, Knoblauch, Sambal Oelek, Salz und Pfeffer vermischen und 4 Burger von 2–3 cm Höhe formen.

2. Bratlinge im Kühlschrank etwa 1 Stunde zugedeckt ruhen lassen und 15–20 Minuten vor dem Grillen herausholen – so behalten die Burger besser ihre Form.

3. Das Fleisch auf den Grillrost (gefettet) des vorbereiteten, heißen Grills legen und von beiden Seiten je 5–7 Minuten grillen.

4. Kurz bevor die Burger fertig sind, die Burgerbrötchen mit der Schnittseite nach unten auf dem Grill toasten. Den Salat putzen, abspülen, abtropfen lassen, den Strunk keilförmig entfernen und den Salat in schmale Streifen schneiden. Die Brötchenunterseiten dann mit Zaziki bestreichen und die Salatstreifen daraufstreuen. Die Bratlinge auflegen und mit Krautsalat und Olivenringen belegen. Deckel daraufklappen und servieren.

TIPPS:

Natürlich kann man auch diesen Burger tunen, indem man zusätzlich dünne Kirschtomatenscheiben und zerbröselten Schafs- oder Fetakäse einbaut.
Wann ist das Fleisch gar? Drückt man einmal mit dem Finger oder mit der Grillzange kurz auf das Fleisch und es gibt nach, ist es noch roh. Wenn es zurückfedert geht es schon in Richtung „medium“ oder rosa. Wenn es sich gummiartig anfühlt, ist es durch. Oder noch simpler: Einfach einen Bratling anschneiden und reinschauen, wie rosa er ist.

LAMMKEULE MIT KNOCHEN

Zubereitungszeit: 15–20 Minuten, ohne Marinierzeit
Grillzeit: etwa 2 1/2 Stunden

ZUTATEN FÜR 4 PORTIONEN

4 Knoblauchzehen
2 EL mittelscharfer Senf
etwa 2 kg Lammkeule mit Knochen
4 EL Provence-Rub (S. 170)
evtl. Meersalz zum Nachwürzen

PRO PORTION:

E: 55 g, F: 54 g, Kh: 2 g, kcal: 715

1. Knoblauch abziehen und durch eine Knoblauchpresse drücken. Senf und Knoblauch vermischen. Lammkeule mit Küchenpapier abtupfen und mit der Senf-Knoblauch-Mischung einreiben. Dann den Provence-Rub gleichmäßig auf der Keule verteilen und ebenfalls gut einmassieren. Lammkeule über Nacht zugedeckt im Kühlschrank marinieren.

2. Das Fleisch mindestens 6 Stunden vor dem Grillen auf Zimmertemperatur bringen. Marinade runterstreichen (verbrennt sonst).

3. Lammkeule in den indirekten Hitzebereich des Grills legen, mit einem Fleischthermometer versehen und so lange grillen, bis eine Kerntemperatur von 65 °C erreicht ist (etwa 2 ½ Stunden).

4. Keule vom Grill nehmen und zugedeckt 10 Minuten ruhen lassen, dünn aufschneiden und servieren.

BEILAGE:

Kräuterquark, knackiges Fladenbrot und Grilltomaten (siehe Tipp).

TIPP:

Für die Grilltomaten einfach Tomaten abspülen, abtrocknen, den Strunk herausschneiden und in das Loch etwas Meersalz und Olivenöl geben. Etwa 1 Stunde vor Beendigung des Grillvorgangs (der Lammkeule) die Tomaten ebenfalls im indirekten Hitzebereich des Grills platzieren. Fertige Tomaten mit frisch gemahlenem Pfeffer würzen. Zu gegrillter Lammkeule mit Knochen können Sie gut eine Minzsauce und Folienkartoffeln (S. 46) servieren.

LAMMKOTELETTS

Zubereitungszeit: 35 Minuten, ohne Marinierzeit
Grillzeit: etwa 10 Minuten

ZUTATEN FÜR 8 PORTIONEN

8 Lammkoteletts (je etwa 100 g)

FÜR DIE MARINADE:

2 Knoblauchzehen
4 EL Olivenöl
etwas Chilipulver
etwas gem. Kümmelsamen
Salz, gem. Pfeffer
1 TL gerebelte Kräuter, z. B. Rosmarin, Oregano

1 Zweig Rosmarin

PRO PORTION:

E: 18 g, F: 20 g, Kh: 0 g, kcal: 278

1. Lammkoteletts mit Küchenpapier abtupfen und in eine Schale legen.

2. Für die Marinade Knoblauchzehen abziehen und durch eine Knoblauchpresse drücken. Knoblauch mit Olivenöl, Chili, Kümmel, Salz, Pfeffer und Kräutern gut verrühren. Die Lammkoteletts mit der Marinade bestreichen.

3. Rosmarinzweig abspülen, trocken tupfen. Die Nadeln von den Stängeln zupfen und auf die Lammkoteletts streuen. Zugedeckt am besten über Nacht kalt stellen.

4. Die Koteletts auf den heißen Grillrost legen und unter mehrmaligem Wenden etwa 10 Minuten grillen.

BEILAGE:

Ofenkartoffeln.

LAUCH IM SPECKMANTEL MIT SCHWEINEFILET

Zubereitungszeit: 45 Minuten
Grillzeit: etwa 20 Minuten

ZUTATEN FÜR 8 SPIESSE

4 dünne Stangen Lauch
16 Scheiben Bacon (Frühstücksspeck, etwa 180 g)
400 g Schweinefilet
1 ½ EL Rapsöl
gem. Pfeffer
Salz

ZUSÄTZLICH:

8 Grillspieße (z. B. Bambusspieße, 20–25 cm lang, über Nacht in Wasser eingelegt, oder Metallspieße)

PRO SPIESS:

E: 15 g, F: 9 g, Kh: 1 g, kcal: 146

1. Lauch putzen, das dunkle Grün im oberen Bereich abschneiden. Die Stangen gründlich abspülen und abtropfen lassen. Jede Stange in 4 gleich große Stücke schneiden.

2. Jedes Lauchstück mit 1 Scheibe Frühstücksspeck umwickeln.

3. Das Schweinefilet mit Küchenpapier trocken tupfen, eventuell entfetten und enthäuten. Das Filet in 16 gleich große Scheiben (je etwa 25 g) schneiden.

4. Jeweils 2 Schweinefiletscheiben und 2 umwickelte Lauchstücke abwechselnd auf die Spieße stecken. Die Spieße dünn mit dem Rapsöl bestreichen.

5. Die Spieße auf den Grillrost (gefettet) des heißen Grills legen, insgesamt etwa 20 Minuten grillen, dabei die Spieße jeweils nach 5 Minuten wenden. Die Spieße mit Pfeffer würzen und die Schweinefiletscheiben noch mit etwas Salz bestreuen.

BEILAGE:

Baguette oder Grillkartoffeln.

TIPPS:

Die Spieße lassen sich bis Punkt 4 gut vorbereiten. Die vorbereiteten Spieße zugedeckt im Kühlschrank bis zum Grillen aufbewahren.
Das Grillgut nicht über noch flammendem Feuer garen. Die Grillkohle oder die Grillbriketts sollten nur noch glühen und einen hellen Aschemantel haben.

LINSENPASTE

● Zubereitungszeit: 30 Minuten, ohne Abkühlzeit
+ Vegetarisch

ZUTATEN FÜR ETWA 500 G

150 g Linsen, z. B. rote Linsen
300 ml Gemüsebrühe
1 Zwiebel
1 kleine Mango (150 g Fruchtfleisch)
1 EL Currypulver
2 EL Speiseöl, z. B. Leinöl
Salz, gem. Pfeffer

INSGESAMT:

E: 38 g, F: 23 g, Kh: 87 g, kcal: 727

1. Linsen mit der Gemüsebrühe in einen Topf geben und zum Kochen bringen. Linsen zugedeckt bei mittlerer Hitze etwa 12 Minuten köcheln lassen (die Flüssigkeit soll von den Linsen vollständig aufgenommen werden). Linsen erkalten lassen, dabei gelegentlich umrühren und die Linsen mithilfe einer Gabel zerdrücken.

2. Zwiebel abziehen, halbieren und in feine Würfel schneiden. Von der Mango das Fruchtfleisch vom Stein schneiden. Mango schälen und das Fruchtfleisch fein würfeln.

3. Die abgekühlten Linsen mit den Zwiebel- und Mangowürfeln verrühren. Currypulver und Öl unterrühren. Linsenpaste mit Salz und Pfeffer abschmecken.

4. Die Linsenpaste in ein verschließbares Gefäß füllen und kalt stellen.

BEILAGE:

Vollkornbrot.

TIPP:

Die Linsenpaste ist im Kühlschrank 3–4 Tage haltbar.

MAISKOLBEN, GEGRILLT

(IM FOTO UNTEN)

- Zubereitungszeit: 5–10 Minuten, ohne Wässerzeit
  Grillzeit: etwa 45 Minuten
- Vegetarisch

ZUTATEN FÜR 4 PORTIONEN

4 Maiskolben mit Blättern
80 g Butter
1 kleine Handvoll frisch gehackte Petersilie
Salz
gem. bunter Pfeffer

ZUSÄTZLICH:

Küchengarn

PRO PORTION:

E: 3 g, F: 18 g, Kh: 17 g, kcal: 244

1. Die Blätter von den Maiskolben zurückziehen (nicht abreißen). Die Haare vom Kolben entfernen. Die Blätter wieder zurückklappen und oben am Ende mit Küchengarn zusammenbinden. Dann die Kolben 45–60 Minuten wässern.

2. Auf dem vorbereiteten Grill den Mais bei mittlerer Hitze und geschlossenem Deckel etwa 20 Minuten grillen. Bei nicht geschlossenem Deckel den Maiskolben etwa 25 Minuten von allen Seiten grillen.

3. Die Butter zusammen mit der klein geschnittenen Petersilie in einem kleinen Topf oder einer kleinen Blechschale am Rande des Grills schmelzen lassen.

4. Dann den Kolbenansatz abschneiden, die Blätter entfernen und mit der geschmolzenen Petersilienbutter einpinseln.

5. Mit Salz und buntem Pfeffer würzen.

REZEPTVARIANTE:

Für **gegrillte Artischocken** (im Foto oben) 4 frische Artischocken abspülen, die oberen Viertel abschneiden und jeweils den Stiel abtrennen. Die inneren Blätter herausziehen und die Artischocken mit einem Suppenlöffel sauber aushöhlen. 200 g Fetakäse mit den Händen zerbröseln und mit einigen Rosmarinnadeln und 1 abgezogenen, klein gehackten Knoblauchzehe mischen. Jeweils ein Viertel der Mischung in 1 Artischocke füllen, mit dem Saft von 1 Zitrone, 4 Esslöffeln Weißwein und 4 Esslöffeln Olivenöl beträufeln und mit 1 Teelöffel Meersalz und gemahlenem Pfeffer würzen. Artischocken gut in Alufolie einpacken, sodass die Flüssigkeit nicht aus den Päckchen auslaufen kann. Die Päckchen 25 Minuten bei mittlerer Hitze auf dem Grill (indirekt) garen.

MAKRELE MIT PIKANTEM DILL-TOMATEN-SUGO

Zubereitungszeit: 30 Minuten
Grillzeit: 16–20 Minuten

ZUTATEN FÜR 4 PERSONEN

FÜR DEN DILL-TOMATEN-SUGO:

1 Knoblauchzehe
1 kleine Zwiebel
3 Tomaten
1 kleine rote Chilischote, frisch
4 EL Olivenöl
1 TL Honig
4 EL Sherry- oder Balsamico-Essig
2 TL gehackter Dill
Salz
frisch gem. Pfeffer

4 Makrelen, küchenfertig (je etwa 275 g)
1 TL Paprikapulver edelsüß
12–16 halbe, nicht zu dicke Zitronenscheiben (von 1 Bio-Zitrone [unbehandelt, ungewachst])
etwas Olivenöl zum Bepinseln der Makrelen

PRO PORTION:

E: 29 g, F: 33 g, Kh: 3 g, kcal: 427

1. Für den Sugo Knoblauch und Zwiebel abziehen und fein würfeln. Die Tomaten abspülen, abtrocknen, vierteln und die Stängelansätze entfernen. Tomaten entkernen und in erbsengroße Würfel schneiden. Chilischote längs halbieren, entstielen und entkernen. Chilischote abspülen, trocken tupfen und in Streifen schneiden.

2. Olivenöl in einem Topf erhitzen und Knoblauch- und Zwiebelwürfel darin glasig dünsten. Honig hinzugeben und leicht karamellisieren lassen. Tomatenwürfel und Chili dazugeben, kurz mitschwitzen, mit dem Essig ablöschen. Alles nochmal 1–2 Minuten einkochen lassen. Dann den gehackten Dill einrühren und den Sugo mit Salz und Pfeffer abschmecken.

3. Die Makrelen mit Küchenpapier abtupfen. Die Fische auf beiden Seiten 3–4-mal schräg bis zur Mittelgräte einschneiden. Von innen und außen mit Salz, Pfeffer und Paprika würzen. Die halben Zitronenscheiben in die entstandenen Einschnitte schieben.

4. Die Makrelen vor dem Grillen mit etwas Olivenöl bepinseln. Auf dem Grillrost bei mittlerer Hitze von beiden Seiten 8–10 Minuten grillen. Der Fisch ist gar, wenn sich die Rückenflosse leicht aus dem Fisch ziehen lässt.

5. Die gegrillten Makrelen mit dem Dill-Tomaten-Sugo servieren.

BEILAGE:

Rucola-Mayo und knuspriges Baguette.

MARINADE AUS 1001 NACHT
(IM FOTO UNTEN)

Zubereitungszeit: 5 Minuten
+ Vegan

ZUTATEN FÜR 1 KG FLEISCH ODER FISCH

2 Knoblauchzehen
2 Stängel Koriander
1 TL Chilipulver
1 TL gem. Cumin (Kreuzkümmel)
1 TL gem. Koriander
1 Msp. Safranpulver oder Kurkuma (Gelbwurz)
abger. Schale und Saft von 1 Bio-Limette (unbehandelt, ungewachst)
100 ml Olivenöl
Salz
gem. Pfeffer
1 Prise Zucker

INSGESAMT:

E: 1 g, F: 100 g, Kh: 2 g, kcal: 912

1. Knoblauch abziehen und durch eine Knoblauchpresse drücken. Koriander abspülen, trocken tupfen, die Blättchen von den Stängeln zupfen und klein schneiden.

2. Knoblauch und klein geschnittenen Koriander in einer Schüssel mit den restlichen Zutaten vermischen, mit Salz, Pfeffer und etwas Zucker abschmecken. Kräftig durchmischen, damit sich die gelbe Farben vom Safran oder Kurkuma entfalten kann.

3. Fleisch (Lamm, Rind, Schwein, Geflügel) oder Fisch in eine flache Auflaufform legen und die Marinade darübergießen. Das Grillgut zudecken. Fleisch etwa 60 Minuten, Fisch etwa 30 Minuten marinieren und evtl. je nach der Hälfte der Marinierzeit einmal wenden.

MARINADE NACH POLNISCHER ART (IM FOTO OBEN)

Zubereitungszeit: 5–10 Minuten
+ Vegan

ZUTATEN FÜR 1 KG FLEISCH ODER FISCH

1 Knoblauchzehe
1 kleine Zwiebel
2 Stängel glatte Petersilie
2 Stängel Dill
4 EL Weißweinessig
abger. Schale und Saft von 1 Bio-Zitrone (unbehandelt, ungewachst)
1 Msp. gem. Piment
100 ml Speiseöl, z. B. Olivenöl
Salz
gem. Pfeffer
1 Prise Zucker

INSGESAMT:

E: 2 g, F: 100 g, Kh: 5 g, kcal: 932

1. Knoblauch und Zwiebel abziehen. Knoblauch durch eine Knoblauchpresse drücken. Zwiebel in sehr kleine Würfel schneiden. Petersilie und Dill abspülen, trocken tupfen, die Blättchen bzw. Spitzen von den Stängeln zupfen und klein schneiden.

2. Knoblauch, Zwiebelwürfel und klein geschnittene Kräuter in einer Schüssel mit Essig, Zitronenschale, -saft, Piment und Öl vermischen, mit Salz, Pfeffer und etwas Zucker abschmecken.

3. Fleisch (Rind, Schwein, Geflügel) oder Fisch in eine flache Auflaufform legen und die Marinade darübergießen. Das Grillgut zudecken. Fleisch etwa 60 Minuten, Fisch etwa 30 Minuten marinieren und evtl. je nach der Hälfte der Marinierzeit einmal wenden.

MAYONNAISE

● Zubereitungszeit: 1–2 Minuten
✚ Vegetarisch

ZUTATEN FÜR 4 PORTIONEN (ETWA 150 G)

1 Ei (Größe M)
1–2 TL Weißweinessig oder Zitronensaft
Salz
½–1 TL mittelscharfer Senf
125 ml Sonnenblumenöl

INSGESAMT:

E: 4 g, F: 132 g, Kh: 0 g, kcal: 1180

1. Ei, Essig oder Zitronensaft, Salz, Senf und Sonnenblumenöl in einen hohen, nicht zu breiten Mixbecher geben – der Fuß vom Pürierstab sollte gerade so hineinpassen.

2. Den Pürierstab ganz auf den Boden des Mixbechers stellen und auf höchster Stufe einschalten. Der Stab sollte noch für einige Sekunden am Boden bleiben, damit sich die unteren Zutaten vermischen (emulgieren) können.

3. Den Pürierstab behutsam nach oben ziehen, sodass der dadurch entstehende Strudel nach und nach das Öl aufnehmen kann. Bei Bedarf den Pürierstab beim Hochziehen 1–2-mal kurz leicht absenken, damit wirklich das ganze Öl aufgenommen wird und eine cremige Mayonnaise entsteht.

HINWEIS:

Nur ganz frische Eier verwenden (Legedatum beachten, mind. 23 Tage Resthaltbarkeit!). Die fertige Mayonnaise im Kühlschrank aufbewahren und innerhalb von 24 Stunden verzehren.

TIPPS:

Die Mayonnaise eignet sich als Grundlage für kalte Saucen und Dips, zu Fondue oder als Brotaufstrich für Sandwiches.
Die Zutaten für die Mayonnaise sollten ungefähr die gleiche Temperatur haben, damit sich alle Zutaten gut verbinden. Sollte die Mayonnaise geronnen sein, nochmals ein 1 Eigelb mit Essig oder Zitronensaft verrühren und die geronnene Mayonnaise nach und nach unterrühren.

REZEPTVARIANTEN:

Für **Remouladensauce** 2 hart gekochte Eier pellen und hacken. Mayonnaise wie im Rezept beschrieben zubereiten. Zum Schluss 1 mittelgroße, fein gewürfelte Gewürzgurke, 2 Esslöffel klein geschnittene Kräuter (z. B. Petersilie, Schnittlauch, Dill, Kerbel, Kresse), 1 Teelöffel abgetropfte, gehackte Kapern und die gehackten Eier unterrühren. Die Remouladensauce mit Salz, Pfeffer und Zucker abschmecken.

Für eine **leichte Mayonnaise** die Mayonnaise wie im Rezept beschrieben, aber nur mit 5 Esslöffeln Speiseöl, zubereiten. Dann 4 Esslöffel Magerquark mit 1 Esslöffel Schlagsahne verrühren und unter die Mayonnaise rühren. Je 50 g Staudensellerie und 50 g Möhren (beides fein gewürfelt) unterheben.

Für eine **Sauce tartare** 4 Schalotten oder kleine Zwiebeln abziehen und klein würfeln. Mit 2 Teelöffeln abgetropften, gehackten Kapern und 2 Esslöffeln klein geschnittenen Kräutern (z. B. Schnittlauch, Petersilie und Estragon) unter die Mayonnaise rühren. Sauce mit Salz abschmecken.

Für eine **Aioli** die Sauce wie die Mayonnaise zubereiten, nur statt Sonnenblumenöl Olivenöl verwenden und 2 gehackte Knoblauchzehen unterrühren.

MEDITERRANE FLADENBROTE MIT SALAT

Zubereitungszeit: 60 Minuten
Teiggehzeit: etwa 30 Minuten
Grillzeit: etwa 10 Minuten je Grillschale oder Grillblech
+ Vegetarisch

ZUTATEN FÜR 12 PORTIONEN (24 FLADEN)

FÜR DEN HEFETEIG:

1 kg Weizenmehl
2 Pck. Trockenbackhefe
½ TL Salz
500 ml lauwarmes Wasser

FÜR DEN TOMATEN-BASILIKUM-SALAT:

etwa 2 kg Tomaten
1 Topf Basilikum
100 ml Crema di Balsamico
100 ml heller Balsamico-Essig
Salz, gem. Pfeffer
250 ml Olivenöl
4 Stängel Rosmarin
1 Bund Majoran
2 EL rosa Pfefferbeeren
1 EL grobes Meersalz

200 ml Olivenöl

ZUSÄTZLICH:

Grillschalen (ohne Löcher) oder Grillbleche
etwas Fett für die Grillschalen oder Grillbleche
Alufolie

PRO PORTION:

E: 11 g, F: 41 g, Kh: 72 g, kcal: 706

1. Für den Teig Mehl in einer Rührschüssel mit Trockenbackhefe und Salz vermischen. In die Mitte eine Vertiefung drücken, lauwarmes Wasser hinzugießen. Die Zutaten mit einer Küchenmaschine (Knethaken) zunächst auf niedrigster, dann auf höchster Stufe in etwa 5 Minuten zu einem glatten Teig verarbeiten. Oder die Teigzutaten halbieren und jeweils mit einem Mixer (Knethaken) zunächst auf niedrigster, dann auf höchster Stufe in etwa 5 Minuten zu einem glatten Teig verarbeiten.

2. Den Teig zugedeckt so lange an einem warmen Ort gehen lassen, bis er sich sichtbar vergrößert hat, etwa 30 Minuten.

3. Inzwischen für den Salat Tomaten abspülen, abtropfen lassen, halbieren und die Stängelansätze herausschneiden. Die Tomaten in Stücke schneiden. Basilikum abspülen, trocken tupfen und die Blättchen von den Stängeln zupfen. Einige Blättchen zum Garnieren beiseitelegen. Die restlichen Blättchen fein schneiden. Crema di Balsamico mit Essig verrühren, mit Salz und Pfeffer würzen, das Olivenöl unterschlagen. Das Dressing mit den Tomatenstücken und Basilikumblättchen vermischen.

4. Rosmarin und Majoran abspülen, trocken tupfen. Nadeln und Blättchen von den Stängeln zupfen, klein schneiden, 2 Esslöffel davon mit rosa Pfefferbeeren und Meersalz mischen. Die Kräutermischung beiseitestellen.

5. Den Teig auf der leicht bemehlten Arbeitsfläche nochmals gut durchkneten, restliche Kräuter unterkneten. Teig zu einer dicken Rolle formen und in 24 gleich große Portionen teilen. Diese zu dünnen Fladen formen, von beiden Seiten mit etwas Olivenöl bestreichen, in Grillschalen (gefettet) oder Grillbleche (gefettet) legen.

6. Die Grillschalen oder Grillbleche auf den Grillrost des heißen Grills legen. Die Fladen bei nicht zu starker Hitze je etwa 10 Minuten grillen (backen). Die Teigfladen einmal wenden. Nach dem Wenden die Fladen nochmals mit etwas Olivenöl bestreichen und mit der beiseitegestellten Kräutermischung bestreuen. Die Grillschalen oder Grillbleche mit Alufolie zudecken.

7. Den Tomaten-Basilikum-Salat mit den beiseitegelegten Basilikumblättchen garnieren und zu den Fladenbroten servieren.

TIPP:

Der Tomaten-Basilikum-Salat kann fertig zubereitet 3–4 Stunden zugedeckt kühl gestellt durchziehen.

MEERÄSCHE, IN FOLIE GEGRILLT

Zubereitungszeit: 30 Minuten, ohne Auftau- und Marinierzeit
Grillzeit: etwa 20 Minuten

ZUTATEN FÜR 4 PORTIONEN

4 TK-Filets von der Meeräsche (je etwa 150 g)
Salz
gem. Pfeffer

1 Staudensellerie (etwa 500 g)
2 Tomaten (etwa 200 g)
1 kleiner Topf Zitronenmelisse
1 EL Kapern (etwa 40 g)
etwas Knoblauchpulver

4 EL Olivenöl
Saft von 1 Limette

ZUSÄTZLICH:

4 Bögen starke Alufolie
Olivenöl für die Alufolie

PRO PORTION:

E: 31 g, F: 17 g, Kh: 5 g, kcal: 298

1. Fischfilets nach Packungsanleitung auftauen lassen. Anschließend mit Küchenpapier abtupfen. Mit Salz und Pfeffer würzen.

2. Sellerie putzen und die harten Außenfäden abziehen. Sellerie putzen, abspülen, abtropfen lassen, in dünne Scheiben schneiden und in kochendem Wasser kurz blanchieren. Selleriescheiben in ein Sieb geben, mit kaltem Wasser abbrausen und abtropfen lassen. Tomaten abspülen, abtrocknen, vierteln, entkernen und die Stängelansätze herausschneiden. Fruchtfleisch in Würfel schneiden.

3. Zitronenmelisse abspülen, trocken tupfen, die Blättchen von den Stängeln zupfen. Einige Blättchen zum Garnieren beiseitelegen. Restliche Blättchen grob hacken.

4. Selleriescheiben, Tomatenwürfel, Melisseblättchen und Kapern in einer Schüssel gut vermengen. Mit Salz, Pfeffer und Knoblauch würzen.

5. Jeweils 1 Fischfilet auf 1 Bogen Alufolie (dünn mit Olivenöl bestrichen) legen. Die Gemüsemischung auf den Filets verteilen. Je 1 Esslöffel Olivenöl darauftäufeln. Die Alufolie so zusammenfalten, dass keine Flüssigkeit auslaufen kann.

6. Die gefüllten Päckchen zum Marinieren etwa 2 Stunden in den Kühlschrank stellen.

7. Die vorbereiteten Päckchen auf dem heißen Grill etwa 20 Minuten grillen.

8. Zum Servieren die Päckchen öffnen, die Filets mit dem Limettensaft beträufeln und mit den beiseitegelegten Zitronenmelisseblättchen garnieren.

TIPP:

Statt Meeräsche eignen sich auch Dorsch, Lachs oder Schellfisch.

MEXICO-HOT-DOGS MIT RAFFINIERTEM RELISH

Zubereitungszeit: 50 Minuten
Teiggehzeit: 45–60 Minuten
Grillzeit: 5–6 Minuten

ZUTATEN FÜR 6 HOT DOGS

FÜR DIE HOT-DOG-BRÖTCHEN/BUNS:

180 g warme Milch (3,8 % Fett)
40 g Butter (zimmerwarm)
1 Pck. Trockenbackhefe (oder 21 g frische Hefe)
15 g Zucker
1 Ei (Größe M)
330 g Weizenmehl (Type 550)
10 g Salz

FÜR DAS RELISH:

2 rote Zwiebeln (etwa 160 g)
1 wachsweich gekochtes Ei (Größe M)
1 Tomate (etwa 100 g)
½ Salatgurke (etwa 200 g)
40 g TK-Erbsen
35 g grüne gefüllte Oliven (Füllung nach Belieben)
35 g schwarze Oliven, ohne Stein
40 g abgetropfte Maiskörner (aus der Dose)
1 geh. TL scharfer Senf
2–3 EL Sherryessig
4 EL Oliven- oder Rapsöl
Salz, gem. Pfeffer, Chilipulver
etwas flüssiger Honig

6 abgetropfte Hot-Dog-Würstchen (aus dem Glas)

PRO PORTION:

E: 18 g, F: 29 g, Kh: 49 g, kcal: 540

1. Für die Brötchen/Buns Milch, Butter, Hefe, Zucker, etwa zwei Drittel vom Ei (verschlagen) und 100 g vom Mehl in eine Rührschüssel geben. Restliches Mehl mit dem Salz mischen.

2. Mit der Küchenmaschine oder dem Mixer (Knethaken) die Zutaten in etwa 10 Minuten zu einem glatten Teig kneten. Dabei nach und nach die Mehl-Salz-Mischung zum Teig dazugeben.

3. Dann den Teig auf eine gut bemehlte Arbeitsfläche geben und in 6 gleich große Stücke teilen. Die Stücke auf Hot-Dog-Wurst-Länge bringen, auf ein Backblech (mit Backpapier belegt) legen, etwas flach drücken, mit Frischhaltefolie abdecken und 45–60 Minuten an einem warmen Ort gehen lassen.

4. Den Backofen vorheizen.
Ober-/Unterhitze: etwa 200 °C
Heißluft: etwa 180 °C

5. Sind die Teiglinge nach der Gehzeit schön „fluffig", Teiglinge mit dem restlichen verschlagenen Ei bestreichen und im vorgeheizten Backofen (mittlerer Einschub) **20–25 Minuten backen.** Die Buns auf einem Kuchenrost erkalten lassen.

6. Für das Relish inzwischen die Zwiebeln abziehen und fein würfeln. Das Ei pellen und in erbsengroße Würfel schneiden. Tomate abspülen, abtrocknen, halbieren, den Stängelansatz herausschneiden und die Tomate entkernen und würfeln. Gurke schälen, längs halbieren, Kerngehäuse mit einem kleinen Löffel herauskratzen und Gurke in erbsengroße Würfel schneiden. Erbsen 3–4 Minuten in kochendem Wasser blanchieren. Oliven ebenfalls in etwa erbsengroße Stücke schneiden. Alle Zutaten zusammen mit Maiskörnern, Senf, Essig und Öl in einer Schüssel behutsam vermengen und mit Salz, Pfeffer, Chili und Honig abschmecken.

7. Den Grill für direkte Hitze bei hoher Temperatur (180–200 °C) vorbereiten und aufheizen. Die Würstchen in 5–6 Minuten rundherum grillen. Die Buns seitlich aufschneiden, aber nicht ganz durchschneiden, sodass sie an einer Längsseite noch zusammenhängen. Buns kurz auf dem heißen Grill erwärmen, Wurst einlegen und mit dem Relish garniert servieren.

MOZZARELLASPIESSE

Zubereitungszeit: 50 Minuten
+ Vegetarisch

ZUTATEN FÜR 12 SPIESSE

je 1 gelbe und rote Paprikaschote
36–48 kleine Mozzarella-Kugeln
24 grüne Jumbo-Oliven (mit Mandeln gefüllt)

ZUM BESTREUEN UND BETRÄUFELN:

1 Bund Basilikum
1 Bund Thymian
gem. Pfeffer
150 ml Olivenöl

ZUSÄTZLICH:

12 dünne Holzspieße

PRO SPIESS:

E: 14 g, F: 31 g, Kh: 2 g, kcal: 335

1. Paprikaschoten halbieren, entstielen, entkernen, die weißen Scheidewände entfernen. Schoten waschen, abtropfen lassen und jeweils in 12 mundgerechte Stücke schneiden.

2. Mozzarella-Kugeln, Oliven und Paprikastücke in bunter Reihenfolge auf 12 Holzspieße stecken. Auf jedem Spieß sollten 3–4 Mozzarella-Kugeln, 2 Oliven und 2 Paprikastücke sein.

3. Kräuter abspülen, trocken tupfen und die Blättchen von den Stängeln zupfen. Spieße in eine flache Schale legen, mit Pfeffer, Basilikum- und Thymianblättchen bestreuen und mit Olivenöl beträufeln.

TIPPS:

Anstelle von Paprikastücken können auch Zucchinischeiben verwendet werden.
Die Spieße lassen sich sehr gut vorbereiten. Die Mozzarella-Kugeln können sie auch 1–2 Stunden vorher mit grünem Pesto marinieren.

MUSTARD-RELISH

Zubereitungszeit: 30 Minuten
+ Vegetarisch

ZUTATEN FÜR 6 PORTIONEN (ETWA 200 ML)

1–2 EL gelbes Senfpulver
2 EL scharfer Senf
oder etwas Weißweinessig
150 g saure Sahne
2 EL Salatmayonnaise
2 hart gekochte Eier
2 Senfgurken
2 abgetropfte Cornichons
(aus dem Glas)
2 eingelegte kleine rote Chilischoten
(Piri-Piri)
1 EL abgetropfte Kapern (aus dem Glas)
2–3 abgetropfte Perlzwiebeln
(aus dem Glas)
Salz
gem. Pfeffer

INSGESAMT:

E: 28 g, F: 57 g, Kh: 25 g, kcal: 724

1. Senfpulver mit Senf oder Essig verrühren, saure Sahne und Mayonnaise unterrühren.

2. Eier pellen und fein hacken. Gurken, Cornichons, Paprikaschoten, Kapern und Zwiebeln ebenfalls sehr fein hacken und mit der Sahne-Mayonnaise-Creme vermengen. Mit Salz und Pfeffer abschmecken.

TIPP:

Das Mustard-Relish ist gekühlt 3–4 Tage haltbar.

REZEPTVARIANTE:

Für ein **Tomaten-Paprika-Relish** 2 Tomaten abspülen, trocken tupfen, vierteln, entkernen und die Stängelansätze entfernen. Tomaten klein würfeln. Je 1 rote und gelbe Paprikaschote halbieren, entstielen, entkernen und die weißen Scheidewände entfernen. Schotenhälften abspülen, abtropfen lassen und klein würfeln. 1 Zwiebel abziehen und ebenfalls klein würfeln. Die vorbereiteten Zutaten mit dem Saft von 1 Limette, 1 kleinen Bund Petersilie (frisch gehackt), ½ Teelöffel gemahlenem Koriander, ½ Teelöffel Cayennepfeffer und 1 Knoblauchzehe (durchgedrückt) verrühren. Mit Salz, Tabasco und etwas Honig abschmecken. Relish bis zum Servieren zugedeckt in den Kühlschrank stellen.

NACKENKOTELETT NEW BEER

- Zubereitungszeit: 15–20 Minuten, ohne Marinierzeit
  Grillzeit: 8–12 Minuten
- ▲ Mit Alkohol

ZUTATEN FÜR 4 PORTIONEN

4 Knoblauchzehen
0,33 l Bockbier
4 EL brauner Zucker
4 EL Worcestersauce
4 EL geschroteter schwarzer Pfeffer
2 EL Soja- oder Traubenkernöl
4 etwa 2,5–3 cm dick geschnittene Nackenkoteletts (zusammen 900–1000 g)

1 Handvoll frisch geschnittene Petersilie

ZUSÄTZLICH:

etwas Öl für den Grillrost

PRO PORTION:

E: 30 g, F: 26 g, Kh: 28 g, kcal: 483

1. Knoblauchzehen abziehen und durch eine Knoblauchpresse drücken. Alle Zutaten bis auf die Petersilie zu einer Marinade verrühren.

2. Die Koteletts in die Marinade legen und zugedeckt im Kühlschrank 1–2 Stunden marinieren.

3. Vor dem Grillen die Marinade gut abtropfen lassen.

4. Den Grillrost mit etwas Öl bepinseln und die Koteletts auf dem vorbereiteten Grill (direkte Hitze) von beiden Seiten jeweils 4–6 Minuten grillen, dabei mit der Marinade bestreichen.

5. Das Fleisch zugedeckt 5–10 Minuten ruhen lassen. Vor dem Servieren mit der frisch geschnittenen Petersilie bestreuen.

TIPP:

Für den schnellen Hunger kann man sich beim Metzger die Nackenkoteletts auch auf die halbe Dicke (1,5–2 cm) schneiden lassen und auf die gleiche Weise marinieren wie angegeben. Die Grillzeit pro Seite verringert sich dann auf 2–4 Minuten.

NUDELSALAT MIT GORGONZOLA-CREME

- Zubereitungszeit: 60 Minuten, ohne Abkühlzeit
- Vegetarisch

ZUTATEN FÜR 4–6 PORTIONEN

5 l Wasser, 5 gestr. TL Salz
500 g Spiralnudeln

500 g Staudensellerie
500 g grüner Spargel
Salz
200 g Cocktailtomaten

70 g Pinienkerne

FÜR DIE GORGONZOLA-CREME:

150 g Gorgonzola
300 g Crème fraîche
2 EL Salatmayonnaise
gem. Pfeffer

1 kleiner Topf Basilikum

PRO PORTION:

E: 22 g, F: 36 g, Kh: 64 g, kcal: 667

1. Wasser in einem großen Topf mit geschlossenem Deckel zum Kochen bringen. Dann Salz und Nudeln hinzugeben. Die Nudeln im geöffneten Topf bei mittlerer Hitze nach Packungsanleitung bissfest garen, dabei 4–5-mal umrühren.

2. Anschließend die Nudeln in ein Sieb geben, mit heißem Wasser abspülen und abtropfen lassen.

3. Sellerie putzen, die harten Außenfäden abziehen. Sellerie abspülen, abtropfen lassen und in dünne Scheiben schneiden. Von dem Spargel nur das untere Drittel schälen und die Enden abschneiden. Spargel abspülen, abtropfen lassen und ebenfalls in dünne Scheiben schneiden. Sellerie- und Spargelscheiben in kochendem Salzwasser etwa 2 Minuten blanchieren. Anschließend in ein Sieb geben, mit kaltem Wasser übergießen und abtropfen lassen. Tomaten abspülen, abtrocknen und halbieren. Die Salatzutaten in eine Schüssel geben und mischen.

4. Pinienkerne in einer beschichteten Pfanne ohne Fett unter mehrmaligem Wenden hellbraun rösten und auf einem Teller erkalten lassen.

5. Für die Creme Gorgonzola durch ein feines Sieb streichen, mit Crème fraîche und Mayonnaise verrühren. Mit Salz und Pfeffer würzen. Die Creme unter die Salatzutaten heben und den Salat abschmecken.

6. Basilikum abspülen und trocken tupfen. Die Blättchen von den Stängeln zupfen.

7. Den Salat mit Pinienkernen und Basilikumblättchen bestreut servieren.

TIPP:

Statt Gorgonzola können Sie auch Roquefort verwenden.

OLIVEN MIT KRÄUTERN

- Zubereitungszeit: 20 Minuten, ohne Durchziehzeit
- + Vegan

ZUTATEN FÜR 6 PORTIONEN

100 g abgetropfte grüne Oliven, ohne Stein
65 g abgetropfte schwarze Oliven, ohne Stein
6 Stängel Basilikum
½ Bund glatte Petersilie
2 Knoblauchzehen, 2 rote Chilischoten
150 ml Olivenöl

PRO PORTION:

E: 1 g, F: 31 g, Kh: 2 g, kcal: 286

1. Beide Olivensorten auf Küchenpapier legen und trocken tupfen.

2. Die Kräuter abspülen, trocken tupfen und die Blättchen von den Stängeln zupfen. Die Blättchen in feine Streifen schneiden.

3. Knoblauch abziehen und in dünne Scheiben schneiden. Chilischoten abspülen, trocken tupfen, der Länge nach aufschneiden und entkernen. Anschließend Chilis in sehr kleine Würfel schneiden.

4. Die Oliven mit Basilikum-, Petersilienstreifen, Knoblauchscheiben und Chiliwürfeln mischen, in ein vorbereitetes Glas geben und mit Olivenöl übergießen. Zum Schluss das Glas mit einem Twist-off-Deckel® verschließen.

5. Die Oliven 2–3 Tage an einem kühlen Ort stehen lassen, dabei das Glas gelegentlich schütteln.

TIPP:

Die Oliven sind kalt gestellt mindestens 1 Woche haltbar.

OLIVENPASTE

Zubereitungszeit: 20 Minuten
+ Vegan

ZUTATEN FÜR ETWA 400 G

200 g schwarze Oliven, ohne Stein
2 Knoblauchzehen
1 Schalotte
1 EL Kapern (aus dem Glas)
1–2 Chilischoten
1 große Tomate
etwa 75 ml Olivenöl
gem. Pfeffer
gerebelter Thymian

INSGESAMT:

E: 7 g, F: 147 g, Kh: 16 g, kcal: 1402

1. Oliven abtropfen lassen und in kleine Stücke schneiden. Knoblauch und Schalotte abziehen und fein würfeln. Kapern abtropfen lassen. Chilischoten längs halbieren, entstielen, entkernen, abspülen, abtropfen lassen und in kleine Stücke schneiden.

2. Tomate abspülen, kreuzweise einschneiden und mit kochendem Wasser übergießen. Nach 1–2 Minuten herausnehmen und mit kaltem Wasser abschrecken. Tomate häuten, halbieren, entkernen und den Stängelansatz herausschneiden. Tomate in feine Würfel schneiden.

3. Olivenstücke, Knoblauch- und Schalottenwürfel, Kapern, Chilistücke, Tomatenwürfel und Olivenöl in einen hohen Rührbecher geben. Die Zutaten mit einem Pürierstab grob pürieren. Olivenpaste mit Pfeffer und Thymian abschmecken. In ein verschließbares, gründlich gereinigtes Gefäß füllen und kalt stellen.

BEILAGE:

Geröstete Baguette- oder Ciabattascheiben.

TIPPS:

Die Olivenpaste ist im Kühlschrank 4–5 Tage haltbar.
Die Olivenpaste zusammen mit Crostinis servieren. Dafür den Backofen vorheizen. Ober-Unterhitze: etwa 200 °C, Heißluft etwa 180 °C.
2 Knoblauchzehen abziehen, durch eine Knoblauchpresse drücken und mit 60 ml Olivenöl verrühren. 12 Scheiben Sandwich-Toast vierteln, mit dem Knoblauchöl beträufeln und auf ein Backblech (mit Backpapier belegt) legen. Das Brot im Backofen etwa 5 Minuten rösten.

PARTYRING

Zubereitungszeit: 45 Minuten, ohne Abkühlzeit
Ruhezeit: etwa 15 Minuten
Backzeit: 30–35 Minuten

ZUTATEN FÜR 4 PORTIONEN

FÜR DIE FÜLLUNG:

230 g abgetropfte Champignonscheiben (aus der Dose)
1 mittelgroße Zwiebel
1 Knoblauchzehe
150 g gewürfelter Bacon (Frühstücksspeck)
1 Pck. TK-Italienische-Kräuter (etwa 25 g)
70 g Tomatenmark
Salz
gem. Pfeffer
Zucker

FÜR DEN HEFETEIG:

375 g Weizenmehl (Type 550)
1 Pck. Hefeteig Garant
225 ml Wasser
1 EL Olivenöl

ZUM BESTREICHEN:

1 EL Olivenöl

INSGESAMT:

E: 80 g, F: 37 g, Kh: 297 g, kcal: 1879

1. Für die Füllung Champignons in einem Sieb abtropfen lassen. Zwiebel und Knoblauch abziehen und fein hacken. Bacon in einer Pfanne ohne Fett ausbraten. Zwiebeln und Knoblauch hinzufügen und mit andünsten. Champignons fein hacken, mit Kräutern und Tomatenmark zur Baconmasse geben und unterheben. Die Masse unter Rühren kurz erhitzen. Mit Salz, Pfeffer und Zucker würzen. Abkühlen lassen.

2. Für den Teig Mehl in eine Rührschüssel geben, mit Hefeteig Garant vermischen. Wasser und Olivenöl hinzufügen. Die Zutaten mit einem Mixer (Knethaken) zunächst kurz auf niedrigster, dann auf höchster Stufe in etwa 2 Minuten zu einem glatten Teig verarbeiten.

3. Den Teig auf der leicht bemehlten Arbeitsfläche zu einem Rechteck (etwa 30 x 50 cm) ausrollen. Die Champignonmasse darauf verteilen, dabei rundherum einen etwa 2 cm breiten Rand frei lassen. Teigränder mit Wasser bestreichen. Den Teig von der längeren Seite her aufrollen, auf ein Backblech (mit Backpapier belegt) legen, zu einem Ring formen und etwa 15 Minuten ruhen lassen.

4. Den Backofen vorheizen.
Ober-/Unterhitze: etwa 200 °C
Heißluft: etwa 180 °C

5. Den Teigring rundherum in etwa 4 cm dicke Scheiben schneiden, dabei den Ring nicht ganz bis zur Innenkante durchschneiden. Die Teigscheiben nach außen drehen und flach auf das Backpapier legen. (Der Ring bleibt dabei erhalten!) Den Teigring mit Olivenöl bestreichen. Das Backblech in den vorgeheizten Backofen schieben und den Partyring **30–35 Minuten backen.**

6. Den Partyring mit dem Backpapier vom Backblech auf einen Kuchenrost ziehen und erkalten lassen.

TIPP:

Das Wasser für den Hefeteig muss nicht erwärmt werden. Der Teig kann sofort verarbeitet werden, man muss ihn nur vor dem Backen etwa 15 Minuten ruhen lassen.

PFEFFERSTEAKS MIT KRÄUTERN

Zubereitungszeit: 10–15 Minuten, ohne Marinier- und Ruhezeit
Grillzeit: 8–10 Minuten

ZUTATEN FÜR 4 PORTIONEN

2 Filetsteaks (je etwa 400 g)
4 EL Olivenöl
jeweils 4 lange Stängel Thymian und Rosmarin
je 1 EL grob zerstoßene schwarze, weiße und rote Pfefferkörner
Fleur de Sel
rote Pfefferkörner

ZUSÄTZLICH:

Küchengarn
Alufolie

PRO PORTION:

E: 43 g, F: 18 g, Kh: 0 g, kcal: 335

1. Das Fleisch mit dem Olivenöl einstreichen, mit den Kräuterstängeln und Küchengarn rund binden und mit der Pfeffermischung gleichmäßig rundherum bestreuen.

2. Die Steaks bei Zimmertemperatur 2–3 Stunden marinieren lassen.

3. Steaks auf dem vorbereiteten Grill 8–10 Minuten grillen. Dabei alle 2–2 ½ Minuten um eine Vierteldrehung wenden, damit sie rundherum gleichmäßig gegart sind.

4. Nach dem Grillen das Fleisch in Alufolie wickeln und 10 Minuten ruhen lassen.

5. Filetsteaks in dicke Scheiben schneiden, mit Fleur de Sel und rotem Pfeffer bestreuen und servieren.

TIPP:

Für ein optimales Grillergebnis die Steaks 30 Minuten vor dem Grillen aus der Kühlung nehmen.

PFIRSICHE MIT MARZIPAN-MASCARPONE-FÜLLUNG

Zubereitungszeit: 30 Minuten
Grillzeit: etwa 20 Minuten

ZUTATEN FÜR 6 PORTIONEN

3 reife Pfirsiche
90 g Marzipan-Rohmasse
90 g Mascarpone (ital. Frischkäse) oder Crème fraîche
24 Amarettini (ital. Mandelmakronen)

ZUSÄTZLICH:

6 Bögen Alufolie

PRO PORTION:

E: 4 g, F: 11 g, Kh: 16 g, kcal: 184

1. Die Pfirsiche abspülen, abtrocknen, halbieren und jeweils den Stein entfernen.

2. Marzipan-Rohmasse in 6 gleich große Stücke schneiden. Je 1 Marzipanstück in die Vertiefung 1 Pfirsichhälfte drücken.

3. Die Pfirsichhälften jeweils in die Mitte der Alufolienbögen setzen. Mascarpone oder Crème fraîche auf den Marzipanfüllungen verteilen. Amarettini grob zerbröseln und darauf verteilen.

4. Die Alufolien so verschließen, dass Päckchen entstehen. Die Päckchen am äußeren Rand auf den Grillrost des heißen Grills legen und bei mittlerer Hitze etwa 20 Minuten grillen.

5. Dann die gegrillten Pfirsiche in den Folien servieren oder aus den Folien nehmen und sofort servieren.

TIPPS:

Statt der Pfirsiche eignen sich auch Nektarinen oder 6 etwas ausgehöhlte Apfelhälften für dieses Grilldessert.
Die Päckchen können Sie 2–3 Stunden vor dem Grillen vorbereiten und in den Kühlschrank stellen. Die Päckchen dann etwa 15 Minuten vor dem Grillen aus dem Kühlschrank nehmen.
Bei gegrillten Desserts empfiehlt es sich oft, auf einen Gasgrill zurückzugreifen, um den würzigen Holzkohleschmack eines Holzkohlegrills zu vermeiden. Bei einem Gasgrill ist der Grillgeschmack neutraler, wenn keine Holzchips zum Räuchern hinzugegeben werden.

PIZZA-PRALINEN AM SPIESS

- Zubereitungszeit: 35 Minuten
  Teiggehzeit: 30–40 Minuten
  Grillzeit: 30–40 Minuten
- Vegetarisch

ZUTATEN FÜR 12 PORTIONEN (12 SPIESSE)

FÜR DEN HEFETEIG:

500 g Weizenmehl
1 Pck. Trockenbackhefe
½ TL Salz
250 ml lauwarmes Wasser
je 1 TL gerebelter Thymian, Majoran
und gem. Zitronen-Pfeffer
oder 2–3 TL Pizza-Gewürzmischung
125 g Kräuterbutter

ZUSÄTZLICH:

12 Grillspieße (z. B. Bambusspieße, 15–20 cm
lang, über Nacht in Wasser eingelegt,
oder Metallspieße)
Grillschalen
etwas Fett für die Grillschalen
Alufolie

PRO PORTION:

E: 5 g, F: 9 g, Kh: 31 g, kcal: 230

1. Für den Hefeteig Mehl in eine Rührschüssel geben, mit Trockenbackhefe und Salz sorgfältig vermischen. In die Mitte eine Vertiefung drücken und das lauwarme Wasser dazugießen. Die Zutaten mit einem Mixer (Knethaken) zunächst auf niedrigster, dann auf höchster Stufe in etwa 5 Minuten zu einem glatten Teig verarbeiten. Den Teig zugedeckt so lange an einem warmen Ort gehen lassen, bis er sich sichtbar vergrößert hat, 30–40 Minuten.

2. Thymian mit Majoran und Pfeffer mischen.

3. Den Teig auf der leicht bemehlten Arbeitsfläche nochmals gut durchkneten. Aus dem Teig 36 kleine, gleich große Kugeln formen. Jeweils 3 Teigkugeln auf einen Spieß stecken.

4. Die Kräuterbutter zerlassen. Die Teigkugeln mit der Kräuterbutter rundherum einstreichen und mit der Kräutermischung bestreuen. Die Spieße in Grillschalen (gefettet) legen.

5. Die Grillschalen mit Alufolie zudecken, auf den Grillrost des heißen Grills setzen. Die Spieße bei nicht zu starker Hitze 30–40 Minuten grillen (backen).

TIPPS:

Die Spieße können auch 2–3 Stunden vor dem Grillen bis einschließlich Punkt 3 zubereitet werden. Die Spieße dann in Frischhaltefolie gewickelt in den Kühlschrank legen.
Oder die Spieße im Backofen backen, erkalten lassen und einfrieren. Dann die Spieße etwa 30 Minuten vor dem Grillen aus dem Gefrierschrank nehmen und auf dem Grill aufbacken.

PIZZASTREIFEN

- Zubereitungszeit: 45 Minuten, ohne Auftau- und Abkühlzeit
  Backzeit: etwa 15 Minuten je Backblech

ZUTATEN FÜR 54 STÜCK

6 Scheiben TK-Pizzateig (je 450 g)

FÜR DEN BELAG:

125 g Knoblauchbutter
2 Bund Schnittlauch
54 hauchdünne Scheiben geräucherter Kernschinken (200 g)

PRO STÜCK:

E: 1 g, F: 5 g, Kh: 4 g, kcal: 66

1. TK-Pizzateig-Scheiben nach Packungsanleitung nebeneinander auftauen lassen.

2. Den Backofen vorheizen.
Ober-/Unterhitze: etwa 200 °C
Heißluft: etwa 180 °C

3. Jede Teigscheibe quer in 9 Streifen schneiden und mit einer Gabel mehrmals einstechen. Knoblauchbutter in kleinen Stücken darauf verteilen.

4. Die Teigstreifen auf 2 Backbleche (mit Backpapier belegt) verteilen. Die Backbleche nacheinander (bei Heißluft zusammen) in den vorgeheizten Backofen schieben. Die Streifen **etwa 15 Minuten je Backblech backen.**

5. Die Pizzastreifen vom Backpapier lösen und auf einen Kuchenrost legen und etwas abkühlen lassen.

6. Schnittlauch abspülen und trocken tupfen. Die Pizzastreifen mit einigen Schnittlauchhalmen belegen und mit je 1 Schinkenscheibe umwickeln.

TIPPS:

Anstelle von TK-Pizzateig können Sie auch eine Packung (2 Beutel) Grundmischung Pizzateig verwenden. Den Teig nach Packungsanleitung zubereiten, zu einem Rechteck von etwa 30 x 40 cm ausrollen und in etwa 10 x 20 cm große Stücke schneiden. Dann weiterarbeiten wie in Punkt 2 beschrieben.
Für eine vegetarische Variante können Sie die Pizzastreifen auch mit anderen Zutaten umwickeln. Geeignet sind z. B. dünne gebratene oder blanchierte Zucchini- und Auberginenstreifen. Die Gemüsestreifen dann zusätzlich mit Salz und gemahlenem Pfeffer würzen.

PLATTE ENTE

● Zubereitungszeit: 20–25 Minuten,
ohne Ruhezeit
Grillzeit: etwa 45 Minuten

ZUTATEN FÜR 4 PERSONEN

1 küchenfertige Ente (etwa 2 kg)
4 TL Provence-Rub (S. 170)
1 kleine Schale Meersalz zum Nachwürzen
4 türkische Fladenbrote

PRO PORTION:

E: 31 g, F: 26 g, Kh: 24 g, kcal: 465

1. Die Ente mit Küchenpapier abtupfen.

2. Das Tier rechts und links entlang des Rückgrats einschneiden (das bedarf eines großen Messers und etwas mehr Kraft **A**), um das Rückgrat herauslösen zu können **B**.

3. Die Ente umdrehen und mit einem Messer das Brustbein so spalten, dass man die Ente flach drücken kann **C**.

4. Die Ente mit dem Provence-Rub von beiden Seiten einreiben.

5. Auf dem vorbereiteten Grill bei mittlerer Hitze etwa 45 Minuten zuerst mit der Hautseite nach unten grillen. Dabei den Deckel geschlossen halten. Während der Grillzeit 2-mal wenden.

6. Sobald die Ente gar ist, vom Grill nehmen und zugedeckt 10 Minuten ruhen lassen.

7. Die Karkasse (das Innengerippe) an einer Seite vom Fleisch lösen und vorsichtig herausziehen. Es bleiben nur die Knochen an Keulen und Flügeln zurück, die man später beim Essen gut als Griff oder Anfasser benutzen kann.

8. Ente in 4 Teile zerlegen und mit einer Schale Meersalz (das man auch mit frisch geschrotetem, bunten Pfeffer mischen kann) servieren. Auf Fladenbrot (kurz gegrillt) legen.

TIPP:

Knusprige Ente mit gegrillten Kartoffelhälften servieren. Dafür Kartoffeln längs halbieren, 10 Minuten in gut gesalzenem Wasser vorkochen, dann mit der Schnittseite nach unten 10–15 Minuten grillen und servieren.

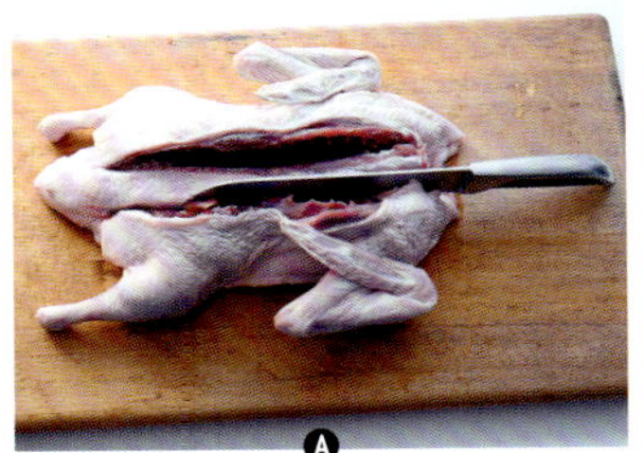

A

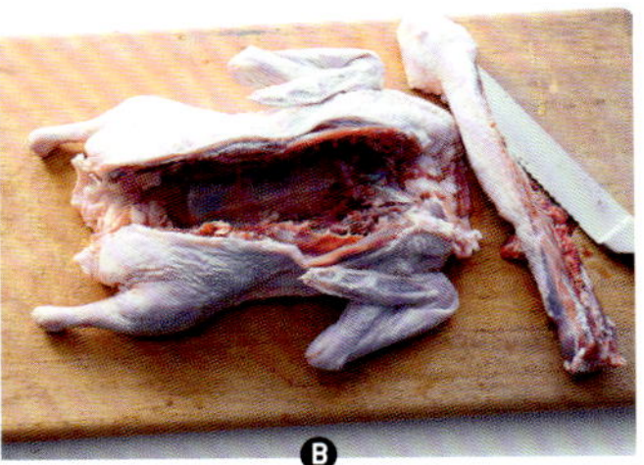

B

C

POLENTA-GRILL-TALER

- Zubereitungszeit: 45 Minuten, ohne Abkühlzeit
  Grillzeit: etwa 5 Minuten
- Vegetarisch

ZUTATEN FÜR 4–6 PORTIONEN

FÜR DEN MAISBREI:

750 ml Gemüsebrühe
175 g Polenta (Maisgrieß)

1 Bund glatte Petersilie
2 Stängel Thymian
1 Stängel Basilikum
1 kleines Bund Schnittlauch
50 g Butter
50 g ger. Parmesan
Salz
gem. Pfeffer

3–4 EL Pflanzenöl zum Bestreichen
evtl. 75 g Crème fraîche

PRO PORTION:

E: 6 g, F: 21 g, Kh: 26 g, kcal: 323

1. Für den Maisbrei die Brühe in einem Topf zum Kochen bringen. Maisgrieß unter Rühren einrieseln lassen und nach Packungsanleitung zubereiten. Den Topf von der Kochstelle nehmen.

2. Inzwischen die Kräuter abspülen und trocken tupfen. Nach Belieben einige Petersilienstängel zum Garnieren beiseitelegen. Die Blättchen von den restlichen Kräuterstängeln zupfen. Blättchen klein schneiden. Schnittlauch in feine Röllchen schneiden.

3. Kräuter, Butter und Parmesan unter den noch heißen Maisbrei rühren. Den Maisbrei mit Salz und Pfeffer würzen. Den Maisbrei in einer Auflaufform (gefettet) verstreichen und bei Zimmertemperatur in etwa 2 Stunden abkühlen lassen.

4. Polenta auf ein großes Schneidebrett oder auf die Arbeitsfläche stürzen und z. B. mit einem runden Ausstecher dicht an dicht Scheiben ausstechen.

5. Die Polentascheiben rundherum mit Öl einstreichen und auf dem Grillrost (gefettet) des heißen Grills bei mittlerer Hitze insgesamt etwa 5 Minuten grillen. Dabei einmal wenden.

6. Die gegrillten Polentascheiben mit je einem Klecks Crème fraîche und den beiseitegelegten Petersilienstängeln anrichten, mit etwas Salz bestreut servieren.

TIPPS:

Die Polentamasse einfach in Drei- oder Vierecke schneiden, so bleiben keine Reste übrig.
Die Polentascheiben einige Stunden vor dem Grillen oder sogar am Vortag vorbereiten und zugedeckt in den Kühlschrank stellen.

PORTERHOUSESTEAK

- Zubereitungszeit: 2–3 Minuten, ohne Marinier- und Ruhezeit
Grillzeit: etwa 12 Minuten

ZUTATEN FÜR 2–4 PORTIONEN (JE NACH APPETIT)

1 Porterhousesteak
(etwa 800 g)
4 EL Chili-Rub (S. 170)
Meersalz

PRO PORTION:

E: 66 g, F: 19 g, Kh: 1 g, kcal: 443

1. Das Steak mit Küchenpapier abtupfen und mit Chili-Rub einreiben. Steak zugedeckt 2–3 Stunden bei Zimmertemperatur marinieren.

2. Das Steak auf dem vorgeheizten Grill von beiden Seiten je etwa 6 Minuten grillen.

3. Das Steak vom Grillrost nehmen und zugedeckt etwa 10 Minuten ruhen lassen.

4. Anschließend das Steak in daumendicke Scheiben schneiden, mit etwas Meersalz nachwürzen und sofort servieren.

TIPP:

Dünne Fleischstücke trocknen schnell aus, deshalb 2–4 Zentimeter abschneiden. Pro Zentimeter dann 1 gute Minute von jeder Seite grillen.

PORTOBELLOS MIT CHORIZO UND ZIEGENFRISCHKÄSE

Zubereitungszeit: 30 Minuten
Grillzeit: 20–25 Minuten

ZUTATEN FÜR 4–8 PORTIONEN (JE NACH VERWENDUNG)

4 EL Olivenöl
8 Portobello-Pilze oder 12 große Champignons

FÜR DIE FÜLLUNG:

8–10 Scheiben Chorizo (insgesamt 50–60 g)
100 g Ziegenfrischkäse
2–3 Knoblauchzehen
2 Stängel Thymian
1 kleines Bund Petersilie
Saft von ½ Zitrone
1 EL Semmelbrösel
Salz
gem. Pfeffer
einige Stängel Rosmarin

ZUSÄTZLICH:

1 Aluschale oder Grillschale (ohne Löcher im Boden)

PRO PORTION:

E: 17 g, F: 21 g, Kh: 7 g, kcal: 306

1. Boden der Grillschale mit der Hälfte vom Olivenöl einfetten. Portobello-Pilze putzen, evtl. kurz abspülen und trocken tupfen. Stiele aus den Pilzen herausdrehen und die Pilze mit der Öffnung nach oben in die vorbereitete Grillschale setzen. Die Stiele hacken und in eine Schüssel geben.

2. Für die Füllung Chorizo in kleine Würfel schneiden. Ziegenfrischkäse zerbröseln, Knoblauch abziehen und durch eine Knoblauchpresse drücken. Thymian und Petersilie abspülen, trocken tupfen, die Blättchen von den Stängeln zupfen und hacken. Chorizo, Ziegenfrischkäse, Knoblauch, Kräuter, Zitronensaft und Semmelbrösel zu den Pilzwürfeln in die Schüssel geben und mit einer Gabel vermengen. Die Masse mit Salz und Pfeffer abschmecken und in den vorbereiteten Pilzköpfen verteilen.

3. Den Grill auf indirektes Grillen vorbereiten und auf mittlerer Hitze (etwa 180 °C) aufheizen.

4. Rosmarin abspülen, trocken tupfen und die Nadeln von den Stängeln zupfen Auf die Füllung der Pilze jeweils einige Nadeln Rosmarin setzen und mit dem restlichen Olivenöl beträufeln.

5. Grillschale in den indirekten Hitzebereich des Grills stellen, Grill schließen und die Pilze 20–25 Minuten grillen. Für einen rauchigen Geschmack die Grillschale die letzten 5 Minuten in den direkten Hitzebereich stellen.

6. Gefüllte Portobellos als Vorspeise (2 Portobellos oder 3 große Champignons pro Person) oder als Beilage (1 Portobello oder 1–2 große Champignons pro Person) servieren.

TIPPS:

Anstelle von Chorizo kann auch die gleiche Menge Kochschinken verwendet werden.
Für eine vegetarische Variante die Wurst mit gewürfelten, halbgetrockneten Tomaten ersetzen.

PULLED-BEEF-BURGER MIT ESTRAGON-AIOLI

- Zubereitungszeit: 90 Minuten, ohne Abkühl-, Marinier- und Ruhezeit
  Grillzeit: 12–16 Stunden
- ▲ Mit Alkohol

ZUTATEN FÜR 16 PORTIONEN

FÜR DIE FLÜSSIGMARINADE:

150 ml helles Bier, 250 ml Apfelessig
100 ml Olivenöl, 4 EL Worcestersauce
1 EL Paprikapulver, geräuchert
½ EL Chilipulver, 1 EL Salz

etwa 2 ½ kg Rindernacken

FÜR DIE TROCKENMARINADE (RUB):

3 EL brauner Zucker
1 EL Paprikapulver edelsüß
1 EL Paprikapulver, geräuchert
½ EL Chilipulver, 1 EL gem. Zimt
1 EL gem. Piment, 1 EL gem. Ingwer
1 EL geschnittene Rosmarinnadeln
2–3 EL Röstzwiebeln, 1 EL gem. schwarzer Pfeffer
1 EL Knoblauchgranulat oder -pulver
3 EL Rauchsalz

FÜR DIE ESTRAGON-AIOLI:

2–3 Knoblauchzehen , 1 Bund frischer Estragon
Saft von 1 Zitrone, 2 EL scharfer Senf
8 EL Delikatess-Mayonnaise
Salz, Cayennepfeffer, Zucker oder Honig

200 g Rucola (Rauke)
16 Burgerbrötchen/Buns
(S. 24 oder Fertigprodukt)
800 g Rotkohlsalat (S. 168 oder Fertigprodukt)
8 EL Röstzwiebeln

ZUSÄTZLICH:

Holzchips zum Räuchern
(Holzaroma nach Geschmack)
Alufolie

PRO PORTION:

E: 37 g, F: 36 g, Kh: 39 g, kcal: 633

1. Für die Flüssigmarinade alle Zutaten in einem Topf aufkochen und kalt werden lassen.

2. Marinade in eine Marinadenspritze aufziehen und gleichmäßig in den Rindernacken einspritzen. Vorgang so oft wiederholen, bis die Marinade aufgebraucht ist.

3. Für die Trockenmarinade (Rub) die Gewürze in einen Blitzhacker geben und fein zerkleinern.

4. Den Rindernacken mit Küchenpapier abtupfen, großzügig mit der Trockenmarinade (Rub) einreiben und die Marinade gut ins Fleisch einmassieren. Das Fleisch in Frischhaltefolie wickeln und 12–24 Stunden im Kühlschrank marinieren lassen. Den Rest der Trockenmarinade in einem wiederverschließbaren Gefäß (z. B. in einem Twist-Off-Glas®) aufbewahren.

5. Für die Estragon-Aioli Knoblauch abziehen und grob würfeln. Estragon abspülen, abtropfen lassen, Blättchen von den Stängeln zupfen und hacken. Knoblauch, Estragon, Zitronensaft und Senf in einen hohen Rührbecher geben und mit einem Pürierstab fein pürieren. Mayonnaise unterheben, mit Salz, Cayennepfeffer und Zucker oder Honig abschmecken.

6. Am Ende der Marinierzeit 2 Handvoll Holzchips in Wasser einweichen.

7. Den Grill für indirektes Grillen (10–12 Stunden Grillzeit) vorbereiten. Dafür mit der sogenannten Minion-Ring-Methode arbeiten (s. Ratgeber S. 7). An dem Ende des offenen Minion-Rings beginnend, wohin auch die glühenden Briketts zum Anfeuern gelegt werden, die abgetropften Holzchips auf ein Drittel der Briketts geben.

8. Grillrost auflegen, vorbereitete Schulter auf dem Rost in den indirekten Grillbereich legen (also in die Mitte über die Abtropfschale). Grill schließen und untere Zuluft sowie die Luftklappe im Deckel zu etwa ein Drittel geöffnet lassen. Die Glut frisst sich in den nächsten Stunden durch die Kohle und sorgt damit für eine gleichbleibende Temperatur (etwa 110 °C) im Garraum. Dafür am Anfang öfter die Hitze kontrollieren. Ist es im Garraum zu heiß, Luftklappen minimal schließen, ist es zu kalt, die Klappen öffnen (einregeln). Nach kurzer Zeit hat sich die Temperatur bei gleichbleibenden Witterungsbedingungen eingeregelt.

9. Das Pulled Beef ist nach 12–16 Stunden fertig. Wenn ein Speisenthermometer benutzt wird, sollte es eine Kerntemperatur von 91 °C anzeigen.

10. Fleisch vom Grill nehmen, in 1–2 Lagen Alufolie einpacken, dann dick in Zeitungspapier einrollen und für 1–2 Stunden in einer Thermotasche ruhen lassen. Man kann das Fleisch auf diese Weise für mehrere Stunden warm halten. Den Sud aus der Abtropfschale entfetten.

11. Zum Zerzupfen (Pullen) des Fleisches, den Braten aus seiner Wärmedecke rollen, in eine große flache Schale legen und die Schwarte und Fettschicht abnehmen (Vorsicht: heiß!). Mithilfe von 2 Gabeln das Fleisch in mundgerechte Stücke zerzupfen. Die Gabeln dafür immer wieder ins Fleisch stechen und in entgegengesetzter Richtung auseinanderziehen. Das Pullen kann ohne großen Kraftaufwand geschehen, da das Fleisch sehr zart ist. Das gezupfte Fleisch mit dem Sud aus der Abtropfschale vermischen. Dadurch wird es noch saftiger.

12. Zum Anrichten den Rucola verlesen, abspülen, abtropfen lassen und trocken schleudern. Die Buns aufschneiden und mit reichlich Fleisch und Rotkohlsalat belegen. Mit Rucolablättern, Aioli und Röstzwiebeln garnieren. Burger zuklappen und rasch servieren.

TIPP:

Sollten Sie mit einem Gasgrill arbeiten, gehen Sie wie auf S. 7 beschrieben vor.

PULLED-PORK-BURGER

● Zubereitungszeit: 90 Minuten, ohne Marinier-, Geh- und Backzeit
Grillzeit: 12–13 Stunden

ZUTATEN FÜR 16 PORTIONEN

FÜR DIE TROCKENMARINADE (RUB):

60 g brauner Zucker
2 EL Paprikapulver edelsüß
1 EL Paprikapulver rosenscharf
1 EL Currypulver, ½ EL Chilipulver
1 EL Kreuzkümmel (Cumin), 1 EL Piment
1 EL gem. Ingwer, 1 EL gerebelter Oregano
2–3 EL Röstzwiebeln
2 EL gem. schwarzer Pfeffer
1 EL Knoblauchgranulat oder -pulver
3 EL Rauchsalz

etwa 2 ½ kg Schweineschulter mit Schwarte
16 Burgerbrötchen/Buns
(S. 24 oder Fertigprodukt)
800 g Krautsalat (S. 105 oder Fertigprodukt)

ZUSÄTZLICH:

Holzchips zum Räuchern
(Holzaroma nach Geschmack)
Alufolie
Anzündkamin

PRO PORTION:

E: 28 g, F: 27 g, Kh: 37 g, kcal: 504

1. Für die Trockenmarinade (Rub) alle Gewürze in einen Blitzhacker geben und fein zerkleinern.

2. Das Schulterstück mit Küchenpapier abtupfen, großzügig mit der Trockenmarinade (Rub) einreiben und die Marinade gut ins Fleisch einmassieren. Das Fleisch in Frischhaltefolie wickeln und mindestens 3 Stunden oder über Nacht im Kühlschrank marinieren lassen. Den Rest der Trockenmarinade in einem wiederverschließbaren Gefäß (z. B. in einem Twist-Off-Glas®) aufbewahren.

3. Am Ende der Marinierzeit 2 Handvoll Holzchips (Holzaroma nach Geschmack) in Wasser einweichen.

4. Den Grill für indirektes Grillen (10–12 Stunden Grillzeit) vorbereiten. Dafür mit der sogenannten Minion-Ring-Methode arbeiten (s. Ratgeber S. 7). An dem Ende des offenen Minion-Rings beginnend, wohin auch die glühenden Briketts zum Anfeuern gelegt werden, die gewässerten und abgetropften Holzchips auf ein Drittel der Briketts geben.

5. Grillrost auflegen, vorbereitete Schulter auf dem Rost in den indirekten Grillbereich legen (also in die Mitte über die Abtropfschale). Grill schließen und untere Zuluft sowie die Luftklappe im Deckel zu etwa ein Drittel geöffnet lassen. Die Glut frisst sich in den nächsten Stunden durch die Kohle und sorgt damit für eine gleichbleibende Temperatur (etwa 110 °C) im Garraum. Dafür am Anfang öfter die Hitze kontrollieren. Ist es im Garraum zu heiß, Luftklappen minimal schließen, ist es zu kalt, die Klappen öffnen (einregeln). Nach kurzer Zeit hat sich die Temperatur bei gleichbleibenden Witterungsbedingungen eingeregelt.

6. Das Pulled Pork ist nach 12–13 Stunden fertig. Wenn ein Speisethermometer benutzt wird, sollte es eine Kerntemperatur von 92 °C anzeigen.

7. Fleisch vom Grill nehmen, in 1–2 Lagen Alufolie einpacken, dann dick in Zeitungspapier einrollen und für 1–2 Stunden in einer Thermotasche oder Kühlbox ruhen lassen. Man kann das Fleisch auf diese Weise für mehrere Stunden warm halten. Den Sud aus der Abtropfschale entfetten.

8. Zum Zerzupfen (Pullen) des Fleisches, den Braten aus seiner Wärmedecke rollen, in eine große flache Schale legen und die Schwarte und

Fettschicht abnehmen (Vorsicht: heiß!). Mithilfe von 2 Gabeln das Fleisch in mundgerechte Stücke zerzupfen. Die Gabeln dafür immer wieder ins Fleisch stechen und in entgegengesetzter Richtung auseinanderziehen. Das Pullen kann ohne großen Kraftaufwand geschehen, da das Fleisch sehr zart ist.

9. Das gezupfte Fleisch mit dem Sud aus der Abtropfschale vermischen. Dadurch wird es noch saftiger.

10. Zum Anrichten die Burgerbrötchen/Buns aufschneiden und mit reichlich Fleisch und Krautsalat (oder umgekehrt) belegen. Burger zuklappen und rasch servieren.

TIPPS:

Sollten Sie mit einem Gasgrill arbeiten, gehen Sie wie auf S. 7 beschrieben vor.
Man kann auch gut Folienkartoffel (S. 46) mit Pulled Pork füllen. Dafür die gegarten Kartoffeln aufschneiden, mit Fleisch und Sauerrahm füllen.

PUTEN-SALBEI-SPIESSE

Zubereitungszeit: 20 Minuten
Grillzeit: etwa 10 Minuten

ZUTATEN FÜR 4 SPIESSE

4 flache, dünne Scheiben Putenschnitzel (je 125 g)
Salz
gem. Pfeffer
12 dünne Scheiben Bacon (Frühstücksspeck)
1 Bund Salbei
etwas Speiseöl, z. B. Sonnenblumenöl
gem. grober Pfeffer

ZUSÄTZLICH:

4 Grillspieße (z. B. Bambusspieße, über Nacht in Wasser eingelegt, oder Metallspieße)

PRO STÜCK:

E: 25 g, F: 26 g, Kh: 5 g, kcal: 379

1. Die Putenschnitzel mit Küchenpapier abtupfen, mit wenig Salz und Pfeffer bestreuen und mit je 3 Scheiben Bacon belegen.

2. Den Salbei abspülen, trocken tupfen, Blättchen von den Stängeln zupfen, einige Blättchen beiseitelegen und die restlichen Blättchen auf den Putenschnitzeln verteilen.

3. Die Schnitzel von der langen Seite her aufrollen, jedes Schnitzel schräg in 4 gleich große Stücke schneiden, auf je 1 Grillspieß stecken und mit Öl bestreichen. Die Spieße auf dem heißen Grillrost von jeder Seite etwa 5 Minuten grillen. Mit grobem Pfeffer bestreuen. Mit restlichem Salbei garnieren.

BEILAGE:

Nudelsalat, Baguettes, Grilltomaten.

REZEPTVARIANTE:

Die Putenschnitzel mit je 1–2 Esslöffel Pesto (aus dem Glas) bestreichen und mit je 1–2 gehackten, getrockneten, in Öl eingelegten Tomaten (aus dem Glas) belegen und aufrollen. Oder die Schnitzel dünn mit mittelscharfem Senf bestreichen und 100 g gewürztes Mett oder feine Bratwurstmasse darauf verteilen und aufrollen.

PUTENSTEAKS MIT GEGRILLTER ANANAS

Zubereitungszeit: 45 Minuten, ohne Marinierzeit
Grillzeit: 10–15 Minuten

ZUTATEN FÜR 10 PORTIONEN

FÜR DIE MARINADE:

4 EL Sojasauce
1 EL brauner Zucker oder Streuzucker
4 EL Speiseöl, z. B. Sonnenblumenöl

10 Putensteaks (je etwa 130–150 g)
10 Scheiben frische Ananas (je etwa 80 g)
gem. grober bunter Pfeffer

PRO PORTION:

E: 47 g, F: 7 g, Kh: 14 g, kcal: 339

1. Für die Marinade Sojasauce mit Zucker und Speiseöl so lange verrühren, bis der Zucker aufgelöst ist.

2. Putensteaks mit Küchenpapier abtupfen, zusammen mit den Ananasscheiben in eine flache Schale legen und mit Pfeffer bestreuen. Die Marinade mit einem Pinsel gleichmäßig daraufstreichen. Die Putensteaks und Ananasscheiben mit Frischhaltefolie zugedeckt im Kühlschrank über Nacht durchziehen lassen. Evtl. die Putensteaks und Ananasscheiben nach einigen Stunden wenden.

3. Die Putensteaks und Ananasscheiben auf den heißen Grill legen und unter mehrmaligem Wenden 10–15 Minuten grillen.

TIPP:

Zu diesem Gericht passt ein Rosinen-Reissalat, mit Curry-Mayonnaise, Salz und Pfeffer gewürzt.

RADICCHIO IM SPECKMANTEL

Zubereitungszeit: 20 Minuten
Grillzeit: 5–7 Minuten

ZUTATEN FÜR 4 PORTIONEN

4 mittelgroße, längliche Radicchio-Köpfe
8 EL fertiges Salat-Dressing, z. B. French-Dressing
gem. Pfeffer
16 Scheiben Bacon (Frühstücksspeck)

ZUSÄTZLICH:

kleine Holzspieße
Fett für die Grillschale

PRO PORTION:

E: 8 g, F: 8 g, Kh: 8 g, kcal: 171

1. Von den Radicchio-Köpfen die welken Blätter entfernen. Radicchio abspülen und gut abtropfen lassen. Anschließend Radicchio-Köpfe der Länge nach halbieren.

2. Je 1 Esslöffel Salat-Dressing auf die Blätter träufeln und etwas einziehen lassen. Radicchiohälften mit Pfeffer bestreuen und mit je 2 Baconscheiben fest umwickeln. Diese mit kleinen Holzspießen feststecken.

3. Vorbereiteten Radicchio in einer Grillschale (dünn gefettet) auf dem heißen Grillrost unter vorsichtigem Wenden 5–7 Minuten grillen, bis der Speck knusprig ist.

TIPPS:

Das Gericht kann gut einige Stunden vor dem Verzehr vorbereitet werden. Hierfür den eingewickelten Radicchio auf einer Platte oder auf einem Teller (mit Frischhaltefolie zugedeckt) im Kühlschrank lagern. Anschließend den Radicchio im Speckmantel wie unter Punkt 3 beschrieben anbraten.
Neben Radicchio lassen sich auch noch andere Gemüsesorten wie z.B. Chicorée, große Champignons, Lauch und grüne Bohnen mit Bacon (Frühstücksspeck) umwickeln und auf diese Art grillen.

RIESENGARNELENSPIESSE

Zubereitungszeit: 20 Minuten, ohne Auftauzeit
Grillzeit: etwa 8 Minuten

ZUTATEN FÜR 4 SPIESSE

16 TK-Riesengarnelen ohne Kopf, mit Schale
200 g Cocktailtomaten
1 gelbe Paprikaschote
Salz
6 Knoblauchzehen
12 kleine Champignons
4 EL Speiseöl,
z. B. Sonnenblumenöl
1 EL Zitronensaft
1 Prise Zucker

ZUSÄTZLICH:

4 Holz- oder Metallspieße

PRO STÜCK:

E: 46 g, F: 19 g, Kh: 11 g, kcal: 432

1. Die Riesengarnelen nach Packungsanleitung auftauen lassen. Die Cocktailtomaten abspülen, trocken tupfen und halbieren.

2. Die Paprikaschote halbieren, entstielen, entkernen und die weißen Scheidewände entfernen. Die Schote waschen, in größere Stücke schneiden, in Salzwasser 3–4 Minuten kochen lassen, zum Abtropfen in ein Sieb geben und enthäuten.

3. Vier Knoblauchzehen abziehen und halbieren. Die Champignons putzen, evtl. abspülen und trocken tupfen.

4. Alle Zutaten abwechselnd auf 4 Holz- oder Metallspieße stecken. Die restlichen Knoblauchzehen abziehen und durch eine Knoblauchpresse drücken. Das Öl mit dem Knoblauchmus, Zitronensaft, Salz und Zucker verrühren und die Spieße damit bestreichen.

5. Die Spieße auf den heißen Grillrost legen, etwa 4 Minuten von beiden Seiten grillen, zwischendurch mit dem Knoblauchöl bestreichen.

RINDERFILET IM GANZEN

(IM FOTO RECHTS)

● Zubereitungszeit: 15–20 Minuten, ohne Marinier- und Ruhezeit
Grillzeit: 45–60 Minuten

ZUTATEN FÜR 6–10 PORTIONEN (JE NACH APPETIT)

2 Knoblauchzehen
1 EL bunter geschroteter Pfeffer
1 Msp. Cayennepfeffer
1 Msp. Nelkenpulver
2 kg Rinderfilet, nach Möglichkeit das Mittelstück, wegen der gleichmäßigen Garung
2 EL Balsamico-Essig
125 ml Sonnenblumen-, Raps- oder Distelöl
grobes Meersalz

ZUSÄTZLICH:

etwas Öl für den Grillrost

PRO PORTION:

E: 71 g, F: 18 g, Kh: 2 g, kcal: 457

1. Knoblauch abziehen und durch eine Knoblauchpresse drücken. Den Knoblauch mit den Gewürzen mischen und das Filet damit gut einreiben.

2. Das Fleisch in eine Schale mit Essig und Öl legen und darin wälzen. Zugedeckt 2 Stunden bei Zimmertemperatur marinieren. Dabei hin und wieder wenden.

3. Das Fleisch aus der Marinade nehmen und gut abtropfen lassen.

4. Das Rinderfilet in den indirekten Hitzebereich (mittlere Hitze) des vorbereiteten Grills legen (Grillrost vorher mit etwas Öl einpinseln) und 45–60 Minuten garen. Dabei 3-mal längs um 90 Grad drehen.

5. Das Fleisch vor dem Aufschneiden etwa 10 Minuten abgedeckt ruhen lassen.

BEILAGE:

Gegrillte Maiskolben (S. 122) und Kräuterbutter (S. 102).

RINDER-KEBABS

- Zubereitungszeit: 35 Minuten, ohne Marinierzeit
  Grillzeit: etwa 15 Minuten

ZUTATEN FÜR 4 PORTIONEN

4 Hüft- oder Rumpsteaks (je etwa 150 g)
4 rote Zwiebeln (etwa 200 g)
Salz

FÜR DIE JOGHURTMARINADE:

150 g Joghurt
2 EL körniger Senf (etwa 30 g)
1 EL ger. Meerrettich (etwa 20 g)
1 EL brauner Zucker/Rohrzucker (etwa 30 g)
gem. Pfeffer

ZUSÄTZLICH:

4 Holzspieße

PRO PORTION:

E: 34 g, F: 7 g, Kh: 3 g, kcal: 214

1. Steaks mit Küchenpapier abtupfen. Jedes Steak in 4–5 Stücke schneiden.

2. Zwiebeln abziehen und vierteln. Salzwasser in einem Topf zum Kochen bringen. Zwiebelviertel etwa 5 Minuten darin garen, in ein Sieb geben, mit kaltem Wasser übergießen und abtropfen lassen.

3. Für die Marinade Joghurt mit Senf, Meerrettich und Zucker verrühren, mit Salz und Pfeffer würzen.

4. Die Fleischstücke und Zwiebelwürfel abwechselnd auf Holzspieße stecken, in eine flache Schale legen, dick mit der Joghurtmarinade bestreichen und zugedeckt über Nacht kalt stellen.

5. Die Spieße aus der Marinade nehmen und die Marinade etwas abstreifen oder abtropfen lassen.

6. Die Spieße auf den heißen Grill legen und bei schwacher Hitze etwa 15 Minuten grillen. Spieße mehrmals wenden.

RINDERSTEAKS MIT SARDELLEN

- Zubereitungszeit: 30 Minuten, ohne Abkühl- und Marinierzeit Grillzeit: Steaks etwa 10 Minuten, Spieße etwa 5 Minuten
- ▲ Mit Alkohol

ZUTATEN FÜR 4 PORTIONEN

2 Knoblauchzehen
20 kleine Schalotten (350–400 g)
4 EL Olivenöl
300 ml Rotwein
8 kleine Rindersteaks, aus der Hüfte oder Rumpsteaks (je etwa 120 g)
6 Sardellenfilets
Salz
gem. bunter Pfeffer

FÜR DEN SALAT:

1 kleiner Radicchio
100 g Rucola (Rauke)
einige grüne Salatblätter, z. B. Frisée
2 Tomaten
1 EL Weißweinessig
1 Prise Zucker
2 EL Speiseöl, z. B. Sonnenblumenöl

ZUSÄTZLICH:

4 kleine Holz- oder Metallspieße

PRO PORTION:

E: 59 g, F: 17 g, Kh: 6 g, kcal: 408

1. Knoblauch und Schalotten abziehen. Knoblauch in dünne Scheiben schneiden. Olivenöl in einem Topf erhitzen. Knoblauchscheiben und Schalotten hinzufügen und unter mehrmaligem Wenden leicht anbraten. Rotwein hinzugießen, zum Kochen bringen und etwa 10 Minuten kochen, dann erkalten lassen.

2. Rindersteaks mit Küchenpapier abtupfen. Sardellenfilets evtl. wässern und abtropfen lassen. Sardellenfilets zuerst in kleine Stücke schneiden, dann sehr fein hacken.

3. Sardellenpaste auf den Steaks verteilen, dabei etwas einmassieren. Steaks in eine flache Schale legen und mit dem Schalotten-Rotwein übergießen. Mit Frischhaltefolie zugedeckt über Nacht im Kühlschrank marinieren.

4. Für den Salat von dem Radicchio die welken Blätter entfernen. Radicchio, Rucola und Salatblätter waschen und trocken tupfen bzw. schleudern und in Streifen schneiden. Tomaten abspülen, abtrocknen, halbieren und die Stängelansätze herausschneiden. Tomaten in Stücke schneiden und mit den Salatstreifen vermengen. Essig mit Zucker verrühren, mit Salz und Pfeffer abschmecken, Öl unterschlagen und über den gemischten Salat gießen.

5. Steaks und Schalotten aus der Marinade nehmen und trocken tupfen. Schalotten auf 4 Spieße stecken. Die Steaks auf dem heißen Grill etwa 10 Minuten, die Spieße etwa 5 Minuten grillen, dabei gelegentlich wenden. Steaks und Spieße mit Salz und Pfeffer würzen.

BEILAGE:

Backkartoffel oder Brot.

TIPP:

Statt Rind können Sie auch Schweine- oder Straußenfleisch verwenden.

RIPPCHEN IN COLA-MARINADE

- Zubereitungszeit: 30 Minuten, ohne Marinierzeit
  Grillzeit: etwa 30 Minuten

ZUTATEN FÜR 12 PORTIONEN

6 rote Zwiebeln (etwa 500 g)
8 Knoblauchzehen
800 ml Cola
400 ml Rotwein-Essig
600 ml süße Chili-Sauce
200 ml Teriyaki-Sauce
2 TL grober schwarzer Pfeffer
2 TL brauner Zucker

etwa 4 ¾ kg dünne Rippe
(Schälrippchen vom Schwein)

1 Baguette (etwa 300 g)
250 g Knoblauchbutter

ZUSÄTZLICH:

etwas Fett für den Grillrost
Grillschalen

PRO PORTION:

E: 37 g, F: 30 g, Kh: 19 g, kcal: 494

1. Zwiebeln und Knoblauch abziehen und fein würfeln. Cola mit Essig, Chili-Sauce und Teriyaki-Sauce verrühren. Pfeffer und Zucker unterrühren, so lange rühren, bis der Zucker sich gelöst hat.

2. Die Rippchen mit Küchenpapier abtupfen und in Portionsstücke (je etwa 400 g) schneiden. Die Rippchenstücke in eine Schüssel schichten und mit der Marinade übergießen. Die Schüssel zugedeckt in den Kühlschrank stellen. Die Rippchen etwa 12 Stunden durchziehen lassen.

3. Zum Grillen die Rippchen aus der Marinade nehmen, etwas abtropfen lassen und auf den Grillrost (gefettet) des heißen Grills legen. Die Rippchen etwa 30 Minuten bei nicht zu starker Hitze grillen, dabei gelegentlich wenden.

4. Inzwischen das Baguette in Scheiben schneiden und mit der Knoblauchbutter bestreichen. Die Scheiben in die Grillschalen legen, diese auf den Grillrost stellen und die Knoblauchbrote kurz anrösten.

5. Die Rippchen mit den Knoblauchbroten servieren.

BEILAGE:

Gemischter Salat oder Folienkartoffeln.

TIPP:

Besonders gut durchgezogen sind die Rippchen, wenn sie bereits am Vortag in die Cola-Marinade eingelegt werden und so über Nacht durchziehen können.

ROTKOHL-ROHKOST-SALAT

Zubereitungszeit: 35 Minuten
+ Vegetarisch

ZUTATEN FÜR 4 PORTIONEN

600 g Rotkohl
2 Orangen (etwa 450 g)

FÜR DIE SALATSAUCE:

1 Banane (etwa 150 g)
300 g Joghurt (1,5 % Fett)
1 EL Nussöl
2 EL Schnittlauchröllchen
Salz
gem. Pfeffer
15 g Pinienkerne

PRO PORTION:

E: 6 g, F: 6 g, Kh: 20 g, kcal: 170

1. Rotkohl putzen, abspülen, abtropfen lassen, vierteln und den Strunk herausschneiden. Rotkohl auf einem Gemüsehobel hobeln.

2. Die Orangen so schälen, dass die weiße Haut mitentfernt wird. Orangen filetieren, dabei den Saft auffangen.

3. Für die Salatsauce die Banane schälen, in Stücke schneiden, mit Joghurt und Nussöl in einen hohen Rührbecher geben und fein pürieren. Die Sauce mit aufgefangenem Orangensaft und Schnittlauchröllchen verrühren, mit Salz und Pfeffer abschmecken.

4. Rotkohl mit Orangenfilets mischen, die Sauce daraufgeben und den Salat mit Pinienkernen bestreut servieren.

TIPP:

Die Pinienkerne in einer Pfanne ohne Fett leicht anrösten.

ROUILLE

(IM FOTO LINKS)

Zubereitungszeit: 30 Minuten
+ Vegetarisch

ZUTATEN FÜR 4 PERSONEN

1 rote Paprikaschote
1 EL Olivenöl
2 kleine Chilischoten
1 Knoblauchzehe
Salz
1 EL Paniermehl
250 g Delikatess-Mayonnaise

INSGESAMT:

E: 8 g, F: 217 g, Kh: 28 g, kcal: 2070

1. Paprikaschote abspülen und trocken tupfen. Schote halbieren, entstielen, entkernen und die weißen Scheidewände entfernen. Schote in Würfel schneiden. Paprikawürfel in einer Pfanne mit Öl 2–3 Minuten weich dünsten.

2. Chilischoten längs halbieren, entstielen und entkernen. Chilischote abspülen, trocken tupfen und in Stücke schneiden. Knoblauch abziehen.

3. Paprikawürfel, Chilistücke, Salz und Knoblauch mit einem Pürierstab zu einer Paste pürieren. Paste zusammen mit dem Paniermehl unter die Mayonnaise rühren.

TIPPS:

Passt zu gegrilltem Fleisch oder Fisch.
Anstelle der Chilischoten können Sie scharfe rote Chilipaste verwenden.
Rouille immer frisch zubereiten. Bei längerer Aufbewahrung verändert sie durch den Knoblauch ihren Geschmack.
Neben der Rouille können Sie auch einen **Senf-Dip** (im Foto rechts) zum Grillgut reichen. Hierfür ein feines Küchensieb mit einem sauberen Geschirrtuch auslegen und in eine Schüssel hängen. 300 g Crème fraîche und 100 g Magerquark hineingeben und zugedeckt über Nacht im Kühlschrank abtropfen lassen. 75 g süßen Senf und abgetropfte Crème fraîche mit Quark in eine Schüssel geben. Jeweils 1 Bund Dill, Kerbel und Petersilie abspülen und trocken tupfen. Die Spitzen bzw. Blättchen von den Stängeln zupfen, klein schneiden und unterrühren. Den Senf-Dip mit Salz und gemahlenem Pfeffer abschmecken, in ein verschließbares Gefäß füllen und in den Kühlschrank stellen.

RUB-VARIATIONEN

Zubereitungszeit: jeweils 1–2 Minuten

ALL-DAY-RUB (IM FOTO LINKS OBEN)

ZUTATEN

4 EL Meersalz, 2 EL Szechuanpfeffer
1 EL Instant-Kaffeepulver
1 EL Zucker

INSGESAMT:

E: 3 g, F: 2 g, Kh: 28 g, kcal: 141

PROVENCE-RUB (IM FOTO RECHTS OBEN)

ZUTATEN

4 EL Meersalz
1 EL Rosmarin (frisch oder gerebelt)
1 TL Thymian (frisch oder gerebelt)
1 TL Fenchelsamen
1 TL abger. Schale von 1 Bio-Zitrone (unbehandelt, ungewachst)

INSGESAMT:

E: 1 g, F: 0 g, Kh: 4 g, kcal: 23

CURRY-RUB (IM FOTO RECHTS UNTEN)

ZUTATEN

4 EL Meersalz, 1 EL Currypulver
1 EL Koriandersamen
1 EL gem. Ingwer, 1 TL gem. Kurkuma (Gelbwurz)
½ TL gem. Zimt, 1 TL gem. Piment
1 TL brauner Zucker

INSGESAMT:

E: 2 g, F: 2 g, Kh: 17 g, kcal: 85

CHILI-RUB (IM FOTO MITTE)

ZUTATEN

4 EL Meersalz
1 TL Knoblauchpulver
2 EL kleine getrocknete Chiliflocken
1 EL Paprikapulver edelsüß
1 TL schwarzer Pfeffer
1 TL Cumin (Kreuzkümmel)
1 TL fein geschnittene Petersilie
1 TL brauner Zucker

INSGESAMT:

E: 4 g, F: 1 g, Kh: 28 g, kcal: 117

1. Die Zutaten jeweils in einen Mörser geben und mit dem Stößel zerstoßen.

TIPPS:

Rubs sind Mischungen aus Trockengewürzen, die vor allem größeren Fleischstücken, die damit eingerieben werden, einen unverwechselbaren Charakter geben.
Salz entzieht Flüssigkeit. Aber nur wer zu früh salzt, den bestraft das Leben. Eine halbe Stunde vor dem Grillen ist es optimal. Salz trocknet dann das Fleisch nicht aus, sondern sorgt für eine schöne knusprige Kruste.

R

RUCOLA MIT PARMESAN

Zubereitungszeit: 25 Minuten, ohne Abkühlzeit
+ Vegetarisch

ZUTATEN FÜR 4 PERSONEN

30 g Pinienkerne
125 g Rucola (Rauke)
200 g Cocktailtomaten
30 g Parmesan, im Stück

FÜR DIE SAUCE:

2–3 EL Balsamico-Essig
½ TL flüssiger Honig
Salz
gem. Pfeffer
5 EL Olivenöl

PRO PORTION:

E: 6 g, F: 19 g, Kh: 3 g, kcal: 203

1. Pinienkerne in einer Pfanne ohne Fett goldbraun rösten und erkalten lassen.

2. Rucola verlesen, dicke Stängel abschneiden, Rucola waschen, trocken schleudern und größere Blätter einmal durchschneiden. Cocktailtomaten abspülen, abtrocknen und halbieren oder vierteln. Parmesan hobeln.

3. Für die Sauce Essig mit Honig, Salz und Pfeffer verrühren. Öl mit einem Schneebesen unterschlagen. Rucola auf einer Platte anrichten, Tomaten darauf verteilen. Mit der Salatsauce beträufeln und Pinienkerne und Parmesan darüberstreuen.

TIPPS:

Den Salat als Beilage zu Grillgerichten, zu kurz gebratenem Fleisch servieren.
Anstelle der Pinienkerne können Sie auch abgezogene, gestiftelte Mandeln oder gehackte Walnusskerne verwenden.

RUCOLA-FRISCHKÄSE-DIP

Zubereitungszeit: 10 Minuten
+ Vegetarisch

ZUTATEN FÜR ETWA 375 G

125 g Rucola (Rauke)
2 EL Olivenöl
200 g Doppelrahm-Frischkäse
Salz
gem. Pfeffer
1 Prise Zucker
1 EL geröstete, gehackte Walnusskerne
1 EL ger. Parmesan
1–2 EL schwarze Oliven

INSGESAMT:

E: 31 g, F: 106 g, Kh: 12 g, kcal: 1113

1. Rucola verlesen und dicke Stängel abschneiden. Rucola abspülen, gut abtropfen lassen oder trocken schleudern und etwas kleiner zupfen.

2. Rucola mit Olivenöl in einem Blitzhacker oder mit einem Pürierstab zu einer Paste verarbeiten. Die Paste mit Frischkäse verrühren und mit Salz, Pfeffer und Zucker abschmecken. Walnusskerne und Parmesan unterrühren.

3. Oliven entsteinen, grob hacken und ebenfalls unterrühren. Den Dip in ein verschließbares Gefäß füllen und kalt stellen. Im Kühlschrank ist der Dip 2–3 Tage haltbar.

BEILAGE:

Gegrillte Maiskolben (S. 122).

TIPPS:

Zum Servieren den Dip mit Rucola und Nusskernen garnieren.
Kleine frische Tomatenwürfel unter den Dip mischen.
Schmeckt auch gut als Aufstrich für Mehrkorn- oder Roggenmischbrot, Stangenweißbrot oder Bagels. Dafür die Brotscheiben in einer Pfanne mit etwas Olivenöl von beiden Seiten anrösten und mit einer abgezogenen Knoblauchzehe abreiben.

REZEPTVARIANTE:

Für einen **Schafskäse-Bärlauch-Dip** 1 Bund Bärlauch (etwa 100 g) verlesen und evtl. dickere Stiele entfernen. Bärlauch abspülen, abtropfen lassen und fein schneiden. 350 g Doppelrahm-Frischkäse mit 100 ml Olivenöl und 2 Esslöffeln Milch verrühren. Bärlauch unterrühren. Die Zutaten pürieren, evtl. mit Salz abschmecken. Zum Garnieren ½ rote Paprikaschote entstielen, entkernen und die weißen Scheidewände entfernen. Schote abspülen, abtropfen lassen und danach fein würfeln. Paprikawürfel über den Dip geben. Den Dip in 2 gründlich gereinigte, gespülte und getrocknete Gläser füllen, fest verschließen und in den Kühlschrank stellen.

RUCOLA-MAYONNAISE

(IM FOTO OBEN)

● Zubereitungszeit: 10 Minuten
+ Vegetarisch

ZUTATEN FÜR 350–400 ML

60 g Rucola (Rauke)
150 ml Olivenöl
1 Ei (Größe M)
1 TL mittelscharfer Senf
Saft von ½ Zitrone
30 g frisch ger. Parmesan
Salz
gem. Pfeffer
1 Prise Zucker

INSGESAMT:

E: 18 g, F: 166 g, Kh: 4 g, kcal: 1582

1. Rucola verlesen und die dicken Stängel abschneiden. Rucola abspülen, gut abtropfen lassen oder trocken schleudern und etwas kleiner zupfen.

2. Rucola mit Olivenöl mit einem Pürierstab in einem hohen Rührbecher fein pürieren. Ei, Senf und Zitronensaft hinzugeben.

3. Den Pürierstab auf den Rührbecherboden setzen und während des Pürierens langsam vom Boden hochziehen, sodass eine homogene Masse entsteht.

4. Parmesan kurz unterziehen. Rucola-Mayonnaise mit Salz, Pfeffer und Zucker würzen.

HINWEIS:

Nur ganz frische Eier verwenden (Legedatum beachten, mind. 23 Tage Resthaltbarkeit!). Die fertige Mayonnaise im Kühlschrank aufbewahren und innerhalb von 24 Stunden verzehren.

TIPP:

Sehr gut schmeckt die Mayonnaise auch, wenn Sie den Rucola durch frische Basilikumblätter oder getrocknete Tomaten ersetzen.

REZEPTVARIANTEN:

Für **Blauschimmel-Mayonnaise** (im Foto unten) 500 g Salatmayonnaise mit 1 Teelöffel scharfen Senf und 1 Esslöffel Weißweinessig in einer Schüssel verrühren. 1 kleines Bund Schnittlauch abspülen, trocken tupfen und in feine Röllchen schneiden. 100 g cremigen Blauschimmelkäse ohne Rinde, z. B. Gorgonzola, zerbröseln. Die Käsebrösel unter die Mayonnaise rühren. Die Blauschimmelkäse-Mayonnaise mit Salz, gemahlenem Pfeffer und 1 Prise Zucker würzen und mit Schnittlauchröllchen bestreuen.

Für eine **Jalapeño-Mayonnaise** (ergibt etwa 600 g) 500 g Salatmayonnaise, abgeriebene Schale und Saft von 1 Bio-Limette (unbehandelt, ungewachst), 1 kleine Schalotte oder Zwiebel (klein gewürfelt), 1 kleine rote Paprikaschote (geputzt, halbiert, entkernt und klein gewürfelt), 1 Jalapeño (entkernt und fein gewürfelt), 1 Frühlingszwiebel (geputzt, in ganz feine Ringe geschnitten) und 1 Stängel Koriander (Blättchen fein gehackt) miteinander verrühren, mit Salz und Pfeffer abschmecken.

RUMPSTEAKS MIT GESCHMORTEN SCHALOTTEN

- Zubereitungszeit: 20 Minuten, ohne Marinier- und Ruhezeit
  Garzeit: etwa 3 Minuten
  Grillzeit: etwa 6 Minuten
- ▲ Mit Alkohol

ZUTATEN FÜR 4 PORTIONEN

FÜR DIE GESCHMORTEN SCHALOTTEN:

750 g Schalotten
40 g Butter
4 EL Weißwein
1 TL abgetropfter, eingelegter grüner Pfeffer (in Lake)
Salz
gem. Pfeffer

FÜR DIE RUMPSTEAKS:

4 Rumpsteaks (je etwa 250 g)
4 EL Provence-Rub (S. 170)
Meersalz

INSGESAMT:

E: 57 g, F: 25 g, Kh: 8 g, kcal: 497

1. Für die geschmorten Schalotten Schalotten abziehen, große Schalotten halbieren. Butter in einer Pfanne zerlassen. Die Schalotten darin unter mehrmaligem Wenden anbraten. Wein und grünen Pfeffer hinzufügen, mit Salz und Pfeffer würzen. Die Schalotten zum Kochen bringen und zugedeckt etwa 10 Minuten unter gelegentlichem Rühren schmoren.

2. Die Steaks mit Küchenpapier trocken tupfen und mit Provence-Rub einreiben. Steaks zugedeckt bei Zimmertemperatur 2–3 Stunden marinieren.

3. Die Steaks auf dem vorgeheizten Grill von jeder Seite etwa 3 Minuten grillen.

4. Die Steaks vom Grillrost nehmen und zugedeckt 5–10 Minuten ruhen lassen. Mit Meersalz nachwürzen.

5. Die Steaks mit den Schalotten auf Tellern anrichten.

BEILAGE:

Folienkartoffel (S. 46) und gemischter Salat.

TIPP:

Bei Steaks, die auf dem Grill zubereitet werden, hängt das Timing natürlich zusätzlich davon ab, wie heiß die Glut – also wie hoch die Temperatur – wirklich ist, auf welcher Höhe der Gitterrost eingeschoben ist und wie das Wetter ist (Windverhältnisse und Temperatur). Und auch hier gilt: „Übung macht den Meister“.

SALATTELLER MIT BUTTERMILCHDRESSING

Zubereitungszeit: 35 Minuten
+ Vegetarisch

ZUTATEN FÜR 4 PORTIONEN

100 g frischer Babyspinat
1 Kopf Lollo Bionda
oder 1 Kopf anderen Pflücksalat
200 g Radieschensprossen
200 g braune Champignons
250 g Cocktailtomaten
1 Bund Frühlingszwiebeln
50 g Sonnenblumenkerne

FÜR DAS BUTTERMILCHDRESSING:

125 g Buttermilch
3 EL Zitronensaft
Salz, gem. Pfeffer
etwas Zucker oder Honig
60 ml Speiseöl, z. B. Sonnenblumenöl

PRO PORTION:

F: 22 g, E: 11 g, Kh: 9 g, kcal: 288

1. Salate verlesen, putzen, waschen und gut abtropfen lassen. Lollo Bionda in mundgerechte Stücke zupfen.

2. Radieschensprossen waschen und abtropfen lassen. Champignons putzen, mit Küchenpapier abreiben, evtl. abspülen, trocken tupfen und in dünne Scheiben schneiden. Cocktailtomaten waschen und halbieren oder vierteln.

3. Frühlingszwiebeln putzen, waschen und in feine Scheiben schneiden. Sonnenblumenkerne in einer Pfanne ohne Fett leicht anrösten.

4. Für das Buttermilchdressing Buttermilch mit Zitronensaft verrühren, mit Salz, Pfeffer und Zucker oder Honig abschmecken und Öl unterschlagen.

5. Die Salatzutaten in einer Schüssel oder auf einer großen Platte anrichten. Die Sauce kurz vor dem Servieren über dem Salat verteilen oder separat dazureichen.

6. Den Salat mit den gerösteten Sonnenblumenkernen bestreuen.

SCHAFSKÄSE-GEMÜSE-PFÄNNCHEN

- Zubereitungszeit: 45 Minuten
  Grillzeit: 15–20 Minuten
- Vegetarisch

ZUTATEN FÜR 12 PORTIONEN

3 große rote Paprikaschoten
3 Zucchini
36 Cocktailtomaten
600 g Schafskäse
3 TL gerebelter Rosmarin
3–6 EL Zitronensaft
etwa 120 ml Olivenöl
Salz, gem. Pfeffer

ZUSÄTZLICH:

12 Stücke Alufolie (je etwa 30 x 20 cm)
Backpapier

PRO PORTION:

E: 10 g, F: 23 g, Kh: 6 g, kcal: 271

1. Die Paprikaschoten halbieren, entstielen, entkernen und die weißen Scheidewände entfernen. Schotenhälften abspülen, abtropfen lassen und in mundgerechte Stücke schneiden. Die Zucchini abspülen, abtrocknen und die Enden abschneiden. Zucchini halbieren und in Würfel schneiden.

2. Die Cocktailtomaten abspülen, abtrocknen und halbieren, dabei evtl. die Stängelansätze herausschneiden. Den Schafskäse ebenfalls in Würfel schneiden.

3. Die Paprikastücke, Zucchini- und Schafskäsewürfel mit den Tomaten und dem Rosmarin in eine Schüssel geben. Zitronensaft und Olivenöl hinzugeben. Die Zutaten gut vermischen, mit Salz und Pfeffer würzen.

4. Aus doppelt gefalteter Alufolie 12 rechteckige Formen falten. Aus dem Backpapier 12 Stücke in der Größe der Aluformenböden schneiden und je eine Form damit auslegen. Die Gemüsemischung in 12 Portionen teilen und in den Aluförmchen verteilen.

5. Die Gemüsepfännchen auf den Grillrost des heißen Grills legen. Die Gemüsemischung bei nicht zu starker Hitze 15–20 Minuten grillen.

TIPPS:

Rosmarinzweige und kleine rote und grüne Chilischoten abspülen, abtropfen lassen und auf dem Grill mitgrillen. Rosmarin sorgt für Aroma und die Chilischoten sind eine perfekte Ergänzung zum mediterranen Gemüse.
Falten Sie die „Alu-Pfännchen“ vorab. Das Gemüse mit dem Schafskäse können Sie bis einschließlich Punkt 3 einige Stunden vor dem Grillen vorbereiten und zugedeckt in den Kühlschrank stellen.

SCHWEINEFILET VON DER HOLZPLANKE

Zubereitungszeit: 35 Minuten
Grillzeit: etwa 45 Minuten

ZUTATEN FÜR 4 PORTIONEN

FÜR DIE TROCKENMARINADE (RUB):

½ TL gem. schwarzer Pfeffer
½ TL Paprikapulver edelsüß
½ TL Kreuzkümmel (Cumin), ½ TL gem. Ingwer

1 Schweinefilet (etwa 600 g)
1 rote Paprikaschote (etwa 180 g)
1 grüne Chilischote
100 g ger. Cheddar
Salz
gem. Pfeffer
10–12 Scheiben Bacon
(Frühstücksspeck, 160–200 g)

ZUSÄTZLICH:

Holzplanke zum Grillen

PRO PORTION:

E: 44 g, F: 37 g, Kh: 3 g, kcal: 520

1. Die Grillplanke (Holzaroma nach Geschmack) 1 Stunde wässern.

2. Für die Trockenmarinade die Gewürze in einer Schale zu einer Trockenmarinade (Rub) vermischen.

3. Das Filet mit Küchenpapier abtupfen, von Sehnen und Fett befreien (parieren). Dann in das Fleisch der Länge nach eine Tasche einschneiden.

4. Für die Füllung Paprika- und Chilischote halbieren, entstielen, entkernen und die weißen Scheidewände entfernen. Die Schoten abspülen und abtropfen lassen. Schoten in feine Würfel schneiden und in einer Schüssel mit dem Cheddarkäse vermischen.

5. Schweinefilet von innen mit etwas Salz und Pfeffer würzen und mit der Gewürzmischung (Rub) einreiben. Die Füllung in der Tasche verteilen. Schweinefilet mit der Füllung wieder verschließen bzw. aufrollen.

6. Baconscheiben auf der Arbeitsfläche leicht überlappend nebeneinanderlegen und das gewürzte und gefüllte Filet darin einwickeln.

7. Den Grill für indirektes Grillen vorbereiten (s. Ratgeber, S. 7) und auf mittlerer bis starker Hitze (etwa 180–200 °C) aufheizen.

8. Die gewässerte Holzplanke mit der Oberseite zuerst über die heißen Kohlen oder Gasflamme (direkte Hitze) legen und den Deckel schließen. Fängt die Planke nach 5–6 Minuten an zu rauchen (sie sollte am Rand leicht glühen, aber nicht brennen), Planke umdrehen und wieder in die direkte Hitze legen. Vorbereitetes Schweinefilet mit der Naht nach unten darauf platzieren. Deckel wieder schließen.

9. Fängt die Planke nach 5–6 Minuten wieder an zu rauchen, kann sie in den indirekten Bereich gelegt werden. Deckel wieder schließen und das Filet auf der Planke in etwa 45 Minuten (etwa 180 °C) fertig garen. Die Kerntemperatur des Filets sollte am Ende 62 °C betragen.

10. Das Filet vor dem Anschneiden noch einige Minuten ruhen lassen und dann servieren.

BEILAGE:

Spiralkartoffeln (S. 193) oder mediterranes Fladenbrot (S. 128).

TIPPS:

Das Fleisch etwa 1 Stunde vor Garbeginn aus dem Kühlschrank nehmen (temperieren).
Zur besseren Kontrolle des richtigen Garpunkts mit einem Grillthermometer arbeiten.

SCHWEINEKOTELETTS MIT KARAMELLISIERTEM KRAUT

Zubereitungszeit: 80 Minuten
Grillzeit: etwa 35 Minuten

ZUTATEN FÜR 10 PORTIONEN

FÜR DAS KRAUT:

1 Weißkohl (etwa 1¼ kg)
2 Zwiebeln
4 EL Rapsöl
100 g Zucker
300 ml Gemüse- oder Fleischbrühe
100 ml Weißweinessig
Salz, gem. Pfeffer
1 TL Kümmelsamen

10 Schweinekoteletts (mit Schwarte, je etwa 180 g, beim Metzger vorbestellen)
etwas Rapsöl
2 EL mittelscharfer Senf
grob gem. bunter Pfeffer

PRO PORTION:

E: 41 g, F: 16 g, Kh: 15 g, kcal: 370

1. Für das Kraut den Weißkohl putzen, achteln und den Strunk herausschneiden. Den Kohl abspülen, gut abtropfen lassen und in sehr feine Streifen hobeln oder schneiden.

2. Zwiebeln abziehen, halbieren und in Würfel schneiden. Das Rapsöl in einem Bräter oder großen Topf erhitzen. Die Kohlstreifen und Zwiebelwürfel darin andünsten (beides darf ein wenig Farbe annehmen). Den Zucker daraufstreuen, mit einem Holzkochlöffel unterrühren und hellbraun karamellisieren lassen.

3. Brühe und Essig hinzugeben und unterrühren. Das Kraut mit Salz, Pfeffer und Kümmel würzen und etwa 30 Minuten garen. Das Kraut nach Bedarf nochmals mit Salz, Pfeffer und Kümmel abschmecken. Das Kraut warm halten.

4. Die Schweinekoteletts mit Küchenpapier trocken tupfen und die Schwarte 5–6-mal einschneiden. Die Schweinekoteletts leicht salzen, mit ein wenig Rapsöl einstreichen und auf den Grillrost (gefettet) des heißen Grills legen, etwa 35 Minuten grillen, dabei die Koteletts mehrmals wenden, damit sie nicht zu dunkel werden.

5. Die gegrillten Koteletts sofort mit dem Senf bestreichen, eventuell zugedeckt nochmals kurz ruhen lassen (dabei warm halten). Die Schweinekoteletts mit dem Pfeffer bestreuen und mit dem karamellisierten, warmen Kraut reichen.

TIPP:

Zum Wenden der Schweinekoteletts ist die Grillzange ein praktischer Helfer. Ungeeignet sind Fleischgabeln. Der Stich ins Fleisch hat das Austreten des Fleischsaftes zur Folge und die Koteletts werden trocken.

SCHWERTFISCH MIT PISTAZIEN-MINZ-PESTO

Zubereitungszeit: 10–15 Minuten
Grillzeit: etwa 5 Minuten

ZUTATEN FÜR 4 PORTIONEN

FÜR DAS PISTAZIEN-MINZ-PESTO:

1 kleines Bund Minze
1 Knoblauchzehe
1 Bio-Limette (unbehandelt, ungewachst)
1 gestr. EL bunte Pfefferkörner
100 ml Oliven- oder Erdnussöl
50 g geschälte Pistazienkerne
Salz, Zucker oder Honig zum Nachwürzen
1 EL klein geschnittene Minze

2 EL Olivenöl, 2 TL Meersalz
¼ TL Chiliflocken
2 EL klein geschnittene Minze
1 kleines Bund fein geschnittener Schnittlauch
4 Schwertfischsteaks, 2,5–3 cm dick (je 180–230 g)

PRO PORTION:

E: 41 g, F: 45 g, Kh: 7 g, kcal: 606

1. Minze abspülen, abtropfen lassen und die Blättchen von den Stängeln zupfen. Knoblauch abziehen. Die Limette heiß abwaschen, abtrocknen und die Schale abreiben. Limette halbieren und den Saft auspressen. Minzblätter zusammen mit Pfeffer, Knoblauch, Limettenschale und -saft und Öl in einen hohen Rührbecher geben. Mit dem Pürierstab gut pürieren.

2. Pistazien hinzugeben und ebenfalls zerkleinern. Mit Salz und Zucker oder Honig nachwürzen und 1 Teelöffel von der klein geschnittenen Minze einrühren.

3. In einer kleinen Schüssel Olivenöl mit Meersalz, Chiliflocken, Minze und Schnittlauch verrühren.

4. Die Steaks mit Küchenpapier abtupfen, mit der Minzmarinade bestreichen und auf dem vorbereiteten Grill (direktes Grillen, hohe Temperatur, Grillrost gefettet) je nach Geschmack 1–2 Minuten pro Seite halbroh oder 2–3 Minuten pro Seite glasig grillen.

5. Die Steaks auf einer großen Platte oder einzeln auf Tellern mit dem Pesto anrichten.

SENF

- Zubereitungszeit: 25 Minuten, ohne Quell- und Durchziehzeit
  Haltbarkeit: gekühlt und dunkel gestellt 2–3 Monate
- \+ Vegetarisch

ZUTATEN FÜR 4 GLÄSER (JE 200 ML)

je 250 g weißes und schwarzes Senfmehl
750 ml Weißweinessig
Saft von 2 Zitronen
1 EL Kräutersalz
1 ½ EL fein geschnittene Estragonblätter
1 TL gem. Pfeffer
je ¼ TL gem. Zimt und Nelken
1 Prise ger. Muskatnuss
3 EL flüssiger Blütenhonig
1–2 Knoblauchzehen
(im Mörser mit etwas Salz zerstoßen)
5 abgezogene, fein gewürfelte Schalotten
oder 3 kleine Zwiebeln
½ EL ger. Meerrettich

INSGESAMT:

E: 33 g, F: 36 g, Kh: 51 g, kcal: 699

1. Das Senfmehl mit Essig und Zitronensaft in einer Glasschüssel mischen, quellen lassen und je nach gewünschter Schärfe bis zu 7 Stunden zugedeckt bei Zimmertemperatur warm stellen.

2. Salz, Estragon, Pfeffer, Zimt, Nelken, Muskat, Honig, Knoblauch, Schalotten- oder Zwiebelwürfel und Meerrettich unter die Senfmehlmasse rühren.

3. Den Senf in vorbereitete Gläser füllen, mit Twist-off-Deckeln® verschließen. Den Senf mindestens 2 Wochen kalt gestellt durchziehen lassen, dabei dunkel aufbewahren.

TIPPS:

Der Senf schmeckt vorzüglich zu gegrillten Nackenkoteletts oder Bratwürstchen.
Statt weißem und schwarzem Senfmehl können Sie auch braunes Senfmehl verwenden. Oder nehmen Sie dieses Rezept als Grundlage für andere Senfsaucen, z. B. scharfe oder süße Senfsauce.

REZEPTVARIANTEN:

Für eine **scharfe Senfsauce** (etwa 450 ml) 1 kleine gewürfelte, rote Chilischote mit 6 Esslöffeln vom hausgemachten Senf und je 120 ml heller Sojasauce und Sake (japanischer Reiswein) verrühren. Die Senfsauce in vorbereitete Flaschen füllen und fest verschließen. Die Sauce einige Stunden (kalt und dunkel gestellt) durchziehen lassen. Vor Gebrauch kräftig schütteln.

Für eine **süße Senfsauce** (etwa 500 ml) 12 Esslöffel hausgemachten Senf in einen Rührbecher geben und mit einem Mixer (Rührstäbe) 6 Esslöffel Reisweinessig unterrühren. 120 ml Olivenöl unter ständigem Schlagen in einem dünnen Strahl einlaufen lassen. Zuletzt 6 Esslöffel Mirin (süßer Reiswein) unterrühren. Die Senfsauce in vorbereitete Flaschen füllen und fest verschließen.
Die Sauce einige Stunden (kalt und dunkel gestellt) durchziehen lassen. Vor Gebrauch kräftig schütteln.

SENF-MARINADE

Zubereitungszeit: 10 Minuten
+ Vegetarisch

ZUTATEN FÜR 900 G RIND, SCHWEIN, LAMM, HÄHNCHEN, KALB ODER WEISSEN FISCH

1 kleine Zwiebel, 1 Knoblauchzehe
1–2 Stängel Oregano
2 EL scharfer Senf, z. B. Dijon-Senf
4 EL Weißweinessig
4 EL Olivenöl
50 g abgezogene, gehobelte Mandeln
Salz, gem. Pfeffer

PRO PORTION (MIT RIND):

E: 45 g, F: 18 g, Kh: 1 g, kcal: 364

1. Zwiebel und Knoblauch abziehen und fein würfeln. Oregano abspülen, trocken tupfen und die Blättchen von den Stängeln zupfen. Blättchen grob hacken.

2. Zwiebel, Knoblauch, Oregano, Senf, Essig, Öl und Mandeln mit einem Schneebesen kräftig verrühren und mit Salz und Pfeffer würzen.

3. Fleisch oder Fisch mit Küchenpapier abtupfen und in eine flache Schale legen. Die Marinade darüber verteilen und mit Frischhaltefolie zugedeckt im Kühlschrank ziehen lassen. Fleisch etwa 1 Stunde, Fisch etwa 30 Minuten marinieren. Zwischendurch wenden.

TIPP:

Den Oregano können Sie durch andere Kräuter wie Thymian oder Basilikum ersetzen.

SPARERIBS

Zubereitungszeit: 30 Minuten
Garzeit: 45–60 Minuten
Grillzeit: 10–12 Minuten

ZUTATEN FÜR 4 PORTIONEN

1 Gemüsezwiebel
1 kleines Bund Suppengrün
(Möhre, Sellerie, Lauch)
10 Pfefferkörner
4 Lorbeerblätter
Salz
2 kg dünne Rippe (vom Schwein)
400 ml Barbecue-Sauce (S. 14)

ZUSÄTZLICH:

etwas Öl für den Grillrost

PRO PORTION:

E: 28 g, F: 29 g, Kh: 35 g, kcal: 512

1. Zwiebel halbieren. Suppengrün putzen, eventuell schälen, abspülen, abtropfen lassen und in grobe Stücke schneiden. Wasser in einen großen Topf geben. Zwiebelhälften, Suppengrün, Pfefferkörner, Lorbeerblätter sowie etwas Salz hinzufügen und zum Kochen bringen.

2. Schweinerippchen halbieren oder dritteln (je nach zur Verfügung stehendem Kochgeschirr) und in das kochende Wasser geben. Darauf achten, dass die Rippchen vollständig mit Wasser bedeckt sind. Die Hitze reduzieren, die Rippchen 45–60 Minuten mit Deckel köcheln oder besser ziehen lassen. Die Rippchen sind gar, wenn sich das Fleisch leicht vom Knochen löst.

3. Die Rippchen mit einer Schaumkelle aus der Brühe nehmen, abtropfen lassen und eventuell in Portionstücke schneiden.

4. Die Rippchen auf den Grillrost (gefettet) des vorbereiteten, heißen Grills (direkt) legen und bei mittlerer Hitze 10–12 Minuten grillen, bis sie knusprig und goldgelb sind. Nach der Hälfte der Grillzeit einmal wenden.

5. Kurz vor Ende der Grillzeit die knusprigen Rippchen von beiden Seiten mit der vorbereiteten BBQ-Sauce bestreichen und sofort servieren.

TIPPS:

Die Rippchen schon am Vortag kochen, im Kühlschrank aufbewahren und am nächsten Tag grillen und bestreichen.
Wer es lieber etwas schärfer mag, gibt einfach 2 abgespülte Chilischoten mit in den Kochsud.

REZEPTVARIANTE:

Anstelle von einer normalen Barbecue-Sauce können Sie auch eine **Whiskey-Barbecue-Sauce** verwenden. Dafür 2 Esslöffel Olivenöl in einem Topf erhitzen, 1 gewürfelte Zwiebel darin glasig dünsten. 250 g braunen Zucker hinzugeben und leicht karamellisieren lassen, mit 250 ml Sherryessig und 250 ml Bourbon-Whiskey ablöschen. 250 ml guten Tomatenketchup einrühren und alles bei mittlerer Hitze einkochen lassen, dabei hin und wieder umrühren, bis die Flüssigkeit sirupartig ist. 5 Esslöffel sehr starken Espresso hinzugeben und unterrühren. Die Sauce mit Salz und Tabasco abschmecken.

SPARERIBS MIT CURRY-DIP

Zubereitungszeit: 35 Minuten, ohne Marinierzeit
Grillzeit: etwa 30 Minuten

ZUTATEN FÜR 8 PORTIONEN

FÜR DIE MARINADE:

100 g Mango-Chutney
100 g Currypaste (im Asialaden erhältlich)
8 EL Speiseöl, z. B. Sonnenblumenöl

2 kg Spareribs (Schälrippchen), ungewürzt

FÜR DEN DIP:

2 kleine Bananen (etwa 300 g)
100 g Delikatess-Mayonnaise
1 TL Currypulver
Salz, gem. Pfeffer

ZUM GARNIEREN:

evtl. einige Stängel Rosmarin

PRO PORTION:

E: 23 g, F: 46 g, Kh: 11 g, kcal: 546

1. Für die Marinade Mango-Chutney mit der Currypaste und dem Speiseöl verrühren, evtl. große Fruchtstücke des Mango-Chutney dabei zerkleinern.

2. Spareribs evtl. in Stücke schneiden, mit Küchenpapier abtupfen und in eine flache Schale legen. Spareribs mit der Marinade bestreichen und mit Frischhaltefolie zugedeckt einige Stunden im Kühlschrank marinieren lassen.

3. Für den Dip Bananen schälen, mit einer Gabel zerdrücken und in eine Schüssel geben. Mayonnaise sowie Curry hinzufügen und glatt rühren. Mit Salz und Pfeffer würzen.

4. Spareribs etwas abtropfen lassen, auf den heißen Grill legen und unter mehrmaligem Wenden etwa 30 Minuten grillen.

5. Zum Garnieren nach Belieben Rosmarinstängel abspülen, trocken tupfen und in kleinere Stücke zupfen. Spareribs mit den kleineren Rosmarinstängeln garnieren und mit dem Dip servieren.

BEILAGE:

Fladenbrot

SPECKSPIESSE

Zubereitungszeit: 55 Minuten, ohne Marinierzeit
Grillzeit: 10–15 Minuten

ZUTATEN FÜR 4 PORTIONEN

500 g magerer durchwachsener Speck (ohne Schwarte)
je 1 rote, gelbe und grüne Paprikaschote (je etwa 250 g)
Salz
8 kleine Kartoffeln (etwa 500 g)
8 Cocktailtomaten

8 EL Olivenöl
1 TL Paprikapulver edelsüß
gem. Pfeffer

ZUSÄTZLICH:

8 Holz- oder Metallspieße

PRO PORTION:

E: 13 g, F: 7 g, Kh: 13 g, kcal: 164

1. Den Speck in Stücke schneiden (je etwa 25 g). Paprikaschoten halbieren, entstielen, entkernen und die weißen Scheidewände entfernen. Schoten abspülen, abtropfen lassen und in mundgerechte Stücke schneiden.

2. Salzwasser in einem Topf zum Kochen bringen. Die Paprikastücke darin etwa 3 Minuten kochen, anschließend in ein Sieb geben, mit kaltem Wasser übergießen und abtropfen lassen.

3. Kartoffeln gründlich waschen, evtl. bürsten. Die Kartoffeln mit Salzwasser in einem Topf zum Kochen bringen und zugedeckt etwa 20 Minuten kochen. Anschließend in ein Sieb geben, mit kaltem Wasser übergießen und abtropfen lassen. Kartoffeln halbieren.

4. Cocktailtomaten abspülen und abtrocknen. Speck-, Paprikastücke, Kartoffelhälften und Cocktailtomaten abwechselnd auf Holz- oder Metallspieße stecken und in eine flache Schale legen.

5. Olivenöl mit Paprika verrühren. Die Spieße damit bestreichen und zugedeckt 1–2 Stunden in den Kühlschrank stellen.

6. Die Spieße aus der Marinade nehmen und danach auf dem heißen Grill unter mehrmaligem Wenden 10–15 Minuten grillen. Spieße mit Salz und Pfeffer bestreuen.

BEILAGE:

Baguettestangen, Aioli- oder Chilidip.

SPIRALBROTE AM BAMBUSSTAB (IM FOTO RECHTS)

- Zubereitungszeit: 20 Minuten
  Teiggehzeit: etwa 30 Minuten
  Grillzeit: etwa 30 Minuten
- Vegetarisch

ZUTATEN FÜR 12 SPIRALBROTE

FÜR DEN HEFETEIG:

500 g Weizenmehl
1 Pck. Trockenbackhefe
½ TL Salz
250 ml lauwarmes Wasser
3 Stängel Thymian
3 Zweige Rosmarin
100 ml Olivenöl
grobes Meersalz

ZUSÄTZLICH:

12 Bambusstäbe (25–30 cm lang)
Grillschalen oder Grillbleche
Alufolie

PRO SPIRALBROT:

E: 5 g, F: 9 g, Kh: 31 g, kcal: 222

1. Für den Hefeteig Mehl in eine Rührschüssel geben, mit Trockenbackhefe und Salz sorgfältig vermischen. In die Mitte eine Vertiefung drücken und das lauwarme Wasser hinzugießen. Die Zutaten mit einem Mixer (Knethaken) zunächst auf niedrigster, dann auf höchster Stufe in etwa 5 Minuten zu einem glatten Teig verarbeiten. Den Teig zugedeckt so lange an einem warmen Ort gehen lassen, bis er sich sichtbar vergrößert hat, etwa 30 Minuten.

2. Thymian und Rosmarin abspülen, trocken tupfen, die Blättchen bzw. Nadeln von den Stängeln zupfen und klein schneiden.

3. Den Teig auf der leicht bemehlten Arbeitsfläche nochmals gut durchkneten und zu einer dicken Rolle formen. Den Teig in 12 gleich große Portionen teilen. Die Teigportionen zu fingerdicken, etwa 50–60 cm langen Streifen rollen. Jeden Bambusstab mit einem Teigstreifen umwickeln, dabei die Enden fest an den Stab andrücken.

4. Die Teigspiralen rundherum mit Olivenöl einstreichen, mit den Kräutern und dem Salz bestreuen, in Grillschalen (gefettet) oder Grillbleche (gefettet) legen. Die Grillschalen oder -bleche mit Alufolie zudecken.

5. Die Grillschalen oder -bleche auf den Grillrost des heißen Grills legen. Die Teigspiralen etwa 30 Minuten grillen (backen), dabei nach der Hälfte der Grillzeit wenden.

TIPPS:

Zum „Gehenlassen“ des Hefeteiges ist ein Platz an der Heizung oder der Backofen bei maximal 50 °C Ober-/Unterhitze (dabei die Backofentür mit einem Holzlöffel einen Spalt geöffnet halten) gut geeignet.
Bereiten Sie die Teigspiralen bis einschließlich Punkt 3 vor. Dann die Teigspiralen in Frischhaltefolie einwickeln und in den Kühlschrank stellen. Die Teigspiralen etwa 30 Minuten vor dem Grillen aus dem Kühlschrank nehmen.
Oder den Hefeteig über Nacht im Kühlschrank gehen lassen: Dazu den Hefeteig nicht aus zimmerwarmen, sondern kalten Zutaten zubereiten. Dann den Teig in einer ausreichend großen Schüssel mit Frischhaltefolie zugedeckt über Nacht im Kühlschrank gehen lassen.

REZEPTVARIANTE:

Für **arabische Spiralbrote** (im Foto links) 2–4 Teelöffel arabische Gewürzmischung unter den Hefeteig kneten. Die Teigspiralen wie beschrieben zubereiten und mit Olivenöl einstreichen. Spiralen statt mit den Kräutern mit einer Mischung aus 1 Teelöffel arabischer Gewürzmischung und grobem Meersalz bestreuen und grillen.

SPIRALKARTOFFELN VOM GRILL

- Zubereitungszeit: 30 Minuten
  Grillzeit: 30–35 Minuten
- Vegetarisch

ZUTATEN FÜR 4–8 PORTIONEN (JE NACHVERWENDUNGSZWECK)

FÜR DAS POMMESGEWÜRZ:

8 EL Salz
½ EL Rauchsalz
2 EL Paprikapulver rosenscharf
1 EL Currypulver indisch
½ EL Chilipulver

FÜR DIE KARTOFFELN:

8 mittelgroße Kartoffeln (zusammen etwa 800 g)
8–10 EL Sonnenblumen- oder Rapsöl

ZUSÄTZLICH:

8 Grillspieße (z. B. Bambusspieße, über Nacht in Wasser eingelegt, oder Metallspieße)

PRO PORTION:

E: 3 g, F: 20 g, Kh: 24 g, kcal: 296

1. Für das Pommesgewürz alle Gewürze in einem Blitzhacker kurz aufmixen.

2. Die Kartoffeln unter fließendem kalten Wasser abbürsten, gut abtropfen lassen und mit den Grillspießen längs aufspießen.

3. Den Grill für indirektes Grillen vorbereiten und auf 180–200 °C aufheizen.

4. Die Kartoffeln nacheinander mit einem scharfen Messer rundherum bis zum Spieß spiralförmig einschneiden. Dabei das Messer leicht schräg halten, damit man keine Kartoffelscheiben, sondern eine Spirale erhält. Die Spirale dann behutsam auseinanderziehen (möglichst gleichmäßiger Abstand!).

5. Die Kartoffelspiralen nacheinander in einer Schüssel rundherum mit Öl bestreichen, mit dem Pommesgewürz bestreuen und im indirekten Hitzebereichs des Grills (Grill geschlossen) für 30–35 Minuten grillen.

TIPPS:

Das restliche Pommesgewürz in einem luftdichten Glas (z. B. Twist-off-Glas®) aufbewahren. Das Gewürz kann auf Vorrat hergestellt werden. Es ist mindestens 3–4 Monate haltbar.
Das Pommesgewürz zusätzlich mit 2–3 Esslöffeln ganz fein geriebenem Parmesan (selbst gerieben oder Fertigpackung aus dem Kühlregal, etwa 30 g) verfeinern.
Die Kartoffelspirale als Beilage oder als einfachen Snack mit einem Dip servieren.
Das Rezept eignet sich auch wunderbar für Kinder.

REZEPTVARIANTE:

Für **Spiralkartoffeln mit Süßkartoffeln** das Pommesgewürz wie oben beschrieben zubereiten. Dann 4 kleine Süßkartoffeln (etwa 800 g) unter fließendem kalten Wasser abbürsten, gut abtropfen lassen und mit 4 Grillspießen (am besten aus Metall oder viereckige Bambusspieße mit Griff, über Nacht in Wasser eingelegt) längs aufspießen. Das Loch für die Spieße bei Bedarf mit einem dünnen Schraubenzieher vorbohren, da das Fruchtfleisch der Süßkartoffel wesentlich fester ist als das herkömmlicher Kartoffeln. Die Süßkartoffelspieße wie unter Punkt 4 beschrieben vorbereiten. Die Spiralen rundherum mit 6–8 Esslöffeln Pflanzenöl (z. B. Olivenöl) bestreichen, mit dem Pommesgewürz bestreuen und im indirekten Hitzebereich des Grills (Grill geschlossen) 30–35 Minuten garen.

STOCKBROT

- Zubereitungszeit: 60 Minuten, ohne Teiggehzeit
  Grillzeit: 10–15 Minuten
- Vegetarisch

ZUTATEN FÜR 12 STÜCK

FÜR DEN HEFETEIG:

1 Stängel Rosmarin
1 kg Weizenmehl
3 Pck. Trockenbackhefe
1 TL Zucker
2 TL Salz, ½ TL grob gem. Pfeffer
1 TL getrocknete Kräuter der Provence
500 ml lauwarmes Wasser

ZUSÄTZLICH:

12 Stöcke (80–100 cm)
Alufolie

PRO STÜCK:

E: 10 g, F: 1 g, Kh: 62 g, kcal: 310

1. Für den Teig Rosmarin abspülen, trocken tupfen und die Nadeln vom Stängel zupfen. Nadeln klein hacken. Mehl in eine Rührschüssel geben, mit Trockenbackhefe sorgfältig vermischen. Zucker, Salz, Pfeffer, Rosmarin, Kräuter der Provence und Wasser hinzufügen.

2. Die Zutaten mit einem Mixer (Knethaken) zunächst auf niedrigster, dann auf höchster Stufe in etwa 5 Minuten zu einem Teig verarbeiten. Den Teig zugedeckt so lange an einem warmen Ort gehen lassen, bis er sich sichtbar vergrößert hat.

3. Die Stöcke mit Alufolie umwickeln. Aus dem Teig etwa 12 lange Rollen formen und jeweils an der Spitze beginnend um die Stöcke wickeln.

4. Das Stockbrot am Stockende in die heiße Glut halten und 10–15 Minuten grillen (backen).

TIPPS:

Stockbrot lässt sich besonders gut im offenen Lagerfeuer backen oder direkt in der Glut des Grills. Den Teig können Sie bereits 4–5 Stunden vorher zubereiten und zugedeckt in den Kühlschrank stellen. Den Teig etwa 30 Minuten vor dem Grillen aus dem Kühlschrank nehmen, warm gestellt noch etwa 15 Minuten gehen lassen und dann wie beschrieben zu Stockbroten verarbeiten.

REZEPTVARIANTE:

Für **Curry-Zwiebel-Stockbrote** zusätzlich 2 sehr fein gewürfelte Zwiebeln in 1–2 Esslöffeln Speiseöl andünsten, mit 1–2 Esslöffeln mildem Currypulver bestäuben. Diese Mischung unter den vorbereiteten Stockbrotteig kneten.

SURF AND TURF

Zubereitungszeit: 20 Minuten
Grillzeit: 10–15 Minuten

ZUTATEN FÜR 4 PORTIONEN

4 Kalbssteaks (aus der Keule oder aus dem Rücken, etwa 400 g)
4 Lachsmedaillons (aus dem Filet, ohne Haut und Gräten, etwa 400 g)
je 4 grüne und rote milde Peperoni (etwa 80 g)
etwas Speiseöl, z. B. Sonnenblumenöl
Salz
gem. Pfeffer
Limettensaft

ZUM GARNIEREN:

1 Bio-Limette (unbehandelt, ungewachst)

PRO PORTION:

E: 39 g, F: 12 g, Kh: 3 g, kcal: 278

1. Kalbsteaks und Lachsmedaillons mit Küchenpapier abtupfen. Peperoni abspülen, trocken tupfen, längs halbieren und entkernen.

2. Steaks, Medaillons und Peperonihälften mit etwas Speiseöl bestreichen und dann auf dem heißen Grill 10–15 Minuten grillen. Mit Salz und Pfeffer würzen. Mit Limettensaft beträufeln.

3. Bio-Limette gründlich heiß abwaschen, abtrocknen und in Spalten schneiden. Steaks, Medaillons und Peperonihälften mit Limettenspalten garniert servieren.

BEILAGE:

Ofenkartoffeln und Kräuterquark oder ofenfrisches Baguette.

TIPP:

Die Kalbssteaks und Lachsmedaillons vor dem Grillen mit Zitronenthymian und Olivenöl in eine flache Schüssel legen und zugedeckt einige Stunden kalt stellen.

REZEPTVARIANTE:

Für **Surf and Turf mit Steak und Garnelen** 1 kleines Rinderfiletsteak (etwa 125 g) und 2 Riesengarnelen mit Schale mit 1 Esslöffel Olivenöl in einer beschichteten Pfanne bei mittlerer bis großer Hitze auf jeder Seite etwa 2 Minuten braten. Fleisch und Garnelen herausnehmen und in Alufolie gewickelt warm halten. Den Bratensatz mit 100 ml trockenem Rotwein ablöschen und 1–2 Minuten einkochen lassen. 80 ml Rinderbrühe und 2 Esslöffel Sojasauce unterrühren. 1 Teelöffel Speisestärke mit 1 Esslöffel kaltem Wasser glatt rühren und den kochenden Fond damit leicht dicklich binden. Mit Salz und 1 Prise Zucker abschmecken. Steak und Garnelen mit Salz würzen, mit der Sauce umgießen und mit reichlich grobem Pfeffer bestreuen.

SÜSSKARTOFFELN MIT KRÄUTER-GEMÜSE-DIP

- Zubereitungszeit: 60 Minuten
  Grillzeit: etwa 10 Minuten
- Vegetarisch

ZUTATEN FÜR 6–8 PORTIONEN

FÜR DEN KRÄUTER-GEMÜSE-DIP:

350 g Zucchini
1 gelbe Paprikaschote (etwa 200 g)
300 g Fleischtomaten
3 Knoblauchzehen
200 ml Olivenöl
50 g TK-Kräuter-der-Provence
4 EL heller Balsamico-Essig
Salz
gem. Pfeffer

2 kg Süßkartoffeln
2 Knoblauchzehen
1 TL rosa Pfefferbeeren
1 TL grob gestoßener Szechuanpfeffer
5 EL Olivenöl

ZUSÄTZLICH:

evtl. 2 Edelstahl-Grillschalen (ohne Löcher)
Fett für die Grillschalen

PRO PORTION:

E: 7 g, F: 38 g, Kh: 75 g, kcal: 691

1. Für den Dip Zucchini abspülen, abtrocknen und die Enden abschneiden. Paprikaschote halbieren, entstielen, entkernen und die weißen Scheidewände herausschneiden. Schote abspülen und abtropfen lassen. Tomaten abspülen, abtrocknen, vierteln und dabei die Stängelansätze herausschneiden. Das Gemüse in Stücke schneiden und grob pürieren (es soll kein Mus entstehen).

2. Knoblauch abziehen, durch eine Knoblauchpresse zum Gemüsepüree hinzudrücken. Olivenöl, unaufgetaute TK-Kräuter und Essig unterrühren. Dip mit Salz und Pfeffer abschmecken, zugedeckt in den Kühlschrank stellen.

3. Süßkartoffeln gründlich waschen bzw. abbürsten, abtropfen lassen und mit Küchenpapier trocken tupfen.

4. Kleinere Kartoffeln in 1–2 cm dicke Scheiben schneiden. Größere Kartoffeln zunächst längs halbieren und dann in 1–2 cm dicke Scheiben schneiden.

5. Salzwasser in einem Topf zugedeckt zum Kochen bringen. Die Kartoffelscheiben darin evtl. portionsweise etwa 5 Minuten garen. Die Kartoffelscheiben in ein Sieb abgießen, mit kaltem Wasser abspülen und abtropfen lassen.

6. Knoblauch abziehen, fein würfeln und mit den Pfefferbeeren und dem Szechuanpfeffer vermischen.

7. Die Süßkartoffelscheiben z. B. auf einem Backblech mit dem Öl vermischen, mit Salz und der Knoblauch-Pfeffer-Mischung würzen.

8. Die Kartoffelscheiben evtl. in Grillschalen (gefettet) auf den Rost des heißen Grills stellen. Oder die Kartoffelscheiben direkt auf dem gefetteten Grillrost des heißen Grills grillen, bis die Süßkartoffelscheiben die gewünschte Bräune erreicht haben. Dabei die Scheiben einmal wenden.

9. Den Dip nochmals durchrühren und abschmecken, mit den Süßkartoffelscheiben servieren.

TIPPS:

Die Süßkartoffelscheiben statt auf dem Grillrost oder in Grillschalen auf einer gefetteten Grillplatte grillen. Zum Servieren die Süßkartoffeln zusätzlich mit grob zerstoßenem bunten Pfeffer bestreuen.

THREE-MEAT-BURGER

Zubereitungszeit: 50 Minuten
Grillzeit: 10–12 Minuten

ZUTATEN FÜR 6 PORTIONEN

etwa 800 g Rindergehacktes
Salz, gem. Pfeffer
etwas Sonnenblumenöl
1 Romana-Salatherz
1 rote Zwiebel (etwa 80 g)

FÜR DIE DIJONNAISE:

3 TL Delikatess-Mayonnaise
3 TL körniger Senf
2–3 Spritzer Tabasco

etwa 500 g Pulled Pork (S. 156 oder Fertigprodukt)
3 EL Barbecue-Sauce (S. 14 oder Fertigprodukt)
12 Scheiben Bacon (Frühstücksspeck, etwa 200 g)
6 große Burgerbrötchen/Buns (S. 24 oder Burgerbrötchen XXL als Fertigprodukt)
6 TL Tomatenketchup normal, mit Chili oder Barbecue-Sauce

ZUSÄTZLICH:

etwas Speiseöl für den Grillrost

PRO PORTION:

E: 55 g, F: 49 g, Kh: 49 g, kcal: 860

1. Das Hackfleisch mit Salz und Pfeffer würzen. Aus dem gewürzten Hack, passend zur Brötchengröße, 6 gleich große Bratlinge formen. Bratlinge ganz dünn mit Sonnenblumenöl bestreichen, mit Frischhaltefolie zudecken und bis zum Grillen beiseitestellen. Dauert es noch länger als 1 Stunde bis zum Grillen, das Fleisch in den Kühlschrank stellen.

2. Den Salat putzen, längs halbieren, Strunk entfernen, abspülen, abtropfen lassen und in Streifen schneiden. Zwiebel abziehen, zuerst in Scheiben schneiden, dann in Ringe teilen.

3. Für die Dijonnaise Mayonnaise und Senf verrühren und mit etwas Tabasco abschmecken.

4. Den Grill für direktes Grillen mit hoher Hitze (etwa 200 °C) vorbereiten und aufheizen. Das Pulled Pork in einer für den Grill geeigneten kleinen Pfanne auf dem Rand des Grillrosts erwärmen und mit Barbecue-Sauce verfeinern.

5. Sobald 200 °C im Garraum erreicht sind, den Grillrost bürsten und ölen. Die Bratlinge auf den heißen Rost legen und unter Wenden mit einem für den Grill geeigneten Pfannenwender auf beiden Seiten je 6–8 Minuten grillen. Nebenbei auf dem Rand des Grillrosts die Baconscheiben legen und den Deckel schließen. Nach der Hälfte der Grillzeit, wenn auch die Burger gedreht werden, den Bacon auch wenden und knusprig werden lassen (Deckel wieder schließen).

6. Die Brötchen/Buns waagerecht in der Mitte durchschneiden. Die unteren Hälften mit dem Ketchup, Chiliketchup oder mit der Barbecue-Sauce bestreichen. Die Hälfte der Salatstreifen darauf verteilen und mit je 1 gegrillten Bratling belegen. Vorbereitetes Pulled Pork auf den Bratlingen verteilen, jeweils 2 Scheiben Bacon und die Zwiebelringe darauflegen.
Die Schnittfläche der oberen Hälften mit der Dijonnaise bestreichen, restliche Salatstreifen auf den Zwiebeln verteilen, Deckel aufsetzen (bei Bedarf mit einem Grillspieß fixieren) und servieren.

TIPP:

Besonders würzig schmecken die Burger, wenn kurz vor dem Anrichten jeweils 1 Scheibe würziger Hartkäse (z. B. Bergblumenkäse, Comté oder Cheddar) zum Anschmelzen auf den Bratling gelegt wird.

T

THUNFISCH MIT KAPERN-OLIVEN-SAUCE

- Zubereitungszeit: 35 Minuten, ohne Marinierzeit
  Grillzeit: 2–6 Minuten
- ▲ Mit Alkohol

ZUTATEN FÜR 4 PORTIONEN

1 Stängel Rosmarin
4 Thunfischsteaks (jeweils 200–230 g, etwa 2 ½ cm dick)
2–3 EL Olivenöl
frisch geschroteter Pfeffer

FÜR DIE SAUCE:

1 rote Zwiebel, 2–3 Knoblauchzehen
2 reife Tomaten
4 EL Olivenöl
1 EL Tomatenmark
450 ml trockener Rotwein
1 Stängel Rosmarin
2 Lorbeerblätter
40 g schwarze Oliven
2 EL abgetropfte Kapern
Salz, gem. Pfeffer

Meersalz

ZUSÄTZLICH:

Speiseöl für den Grillrost

PRO PORTION:

E: 45 g, F: 51 g, Kh: 4 g, kcal: 711

1. Den Rosmarin abspülen, trocken tupfen, die Nadeln von den Stängeln zupfen und grob hacken. Die Thunfischsteaks mit Küchenpapier abtupfen, in einer flachen Schale mit Olivenöl bestreichen, mit Pfeffer und Rosmarin bestreuen. Mit Frischhaltefolie zudecken und in den Kühlschrank stellen.

2. Für die Sauce Zwiebel und Knoblauch abziehen und fein würfeln. Tomaten abspülen, abtrocknen, vierteln, entkernen und die Stängelansätze entfernen. Tomaten in Würfel schneiden.

3. Die Hälfte vom Olivenöl in einer Pfanne oder in einem breiten Topf erhitzen. Die Zwiebel- und Knoblauchwürfel darin 4–5 Minuten unter Rühren andünsten, bis sie leicht Farbe angenommen haben. Tomatenwürfel dazugeben, 1 Minute mit andünsten. Tomatenmark hinzugeben und nochmals 1 Minute mit andünsten. Ansatz mit Rotwein aufgießen, Rosmarin, Lorbeerblätter, Oliven und Kapern dazugeben und alles zum Kochen bringen. Die Sauce etwa 10 Minuten bei mittlerer Hitze köcheln lassen. Die Sauce mit Salz und Pfeffer abschmecken, von der Kochstelle nehmen und bis zur Verwendung warm stellen.

4. Den Grill für direkte Hitze (etwa 180 °C) vorbereiten. Fisch aus der Marinade nehmen, gut abtropfen lassen und auf den Grillrost (gefettet) legen. Die Steaks je Seite 1–2 Minuten halbroh grillen oder in 2–3 Minuten je Seite glasig grillen (je nach Geschmack). Dabei die Thunfischsteaks mit Meersalz würzen und behutsam mit einem breiten Pfannenwenden wenden.

5. Rosmarinstängel und Lorbeerblätter aus der Sauce nehmen. Thunfischsteaks auf Tellern oder auf einer Platte anrichten, Kapern-Oliven-Sauce darübergeben und rasch servieren.

BEILAGE:

Knuspriges Fladenbrot.

TIPPS:

Zusätzlich zum geschroteten Pfeffer 1 gehäuften Teelöffel Sesam dazugeben.
Achten Sie beim Kauf des Fisches auf die Siegel von MSC, ASC oder verwenden Sie Bio-Produkte.

THUNFISCHSTEAKS IN KRÄUTERN UND KNOBLAUCH

Zubereitungszeit: 40 Minuten, ohne Auftau- und Durchziehzeit
Grillzeit: etwa 15 Minuten

ZUTATEN FÜR 4 PORTIONEN

ZUM VORBEREITEN:

8–10 Bögen Alufolie
3 EL Speiseöl, z. B. Sonnenblumenöl

8–10 Thunfischsteaks (je etwa 130 g)
1 Pck. TK-Kräuter-der-Provence
4–5 Knoblauchzehen
Salz
gem. grober bunter Pfeffer

PRO PORTION:

E: 34 g, F: 20 g, Kh: 1 g, kcal: 349

1. Zum Vorbereiten Alufoliebögen auf einer Seite mit Speiseöl bestreichen.

2. Thunfischsteaks mit Küchenpapier abtupfen.

3. Kräuter der Provence auftauen lassen. Knoblauchzehen abziehen, durch eine Knoblauchpresse drücken oder sehr fein hacken und mit den Kräutern mischen.

4. Je 1 Thunfischsteak auf je 1 mit Speiseöl bestrichenes Stück Alufolie legen. Die Thunfischsteaks mit dem Kräutergemisch bestreichen, mit Salz und Pfeffer würzen.

5. Jedes Thunfischsteak in der Alufolie zu einem Päckchen einpacken und im Kühlschrank über Nacht durchziehen lassen.

6. Die Thunfischsteak-Päckchen auf den heißen Grill legen und unter gelegentlichem Wenden etwa 15 Minuten grillen.

TINTENFISCHSPIESSE MIT KNOBLAUCH-DIP

Zubereitungszeit: 35 Minuten,
ohne Auftau- und Marinierzeit
Grillzeit: etwa 10 Minuten

ZUTATEN FÜR 4 PORTIONEN

FÜR DIE SPIESSE:

600 g küchenfertiger TK-Tintenfisch (unpanierte Tuben oder Ringe)
2 Knoblauchzehen
3 Stängel Petersilie
1 Stängel Rosmarin oder 1 TL gerebelter Rosmarin
1 Bio-Zitrone (unbehandelt, ungewachst)
4 EL Olivenöl
2 Lorbeerblätter
gem. Pfeffer

FÜR DEN DIP:

150 g Crème fraîche, 200 g Joghurt
2 EL Zitronensaft, Salz

je 1 rote, grüne und gelbe Paprikaschote
2 mittelgroße Zucchini

ZUSÄTZLICH:

8 Holz- oder Metallspieße

PRO PORTION:

E: 30 g, F: 22 g, Kh: 15 g, kcal: 379

1. Für die Spieße Tintenfisch nach Packungsanleitung auftauen lassen, dann mit Küchenpapier abtupfen. Tintenfischtuben oder -ringe in eine Schüssel geben.

2. Knoblauch abziehen. Eine Knoblauchzehe in dünne Scheiben schneiden, die andere für den Dip beiseitelegen.

3. Kräuter abspülen und trocken tupfen. Blättchen und Nadeln von den Stängeln zupfen und fein hacken. Zitrone heiß abwaschen, abtrocknen und in Scheiben schneiden.

4. Olivenöl mit Kräutern, Knoblauch, Lorbeerblättern, Pfeffer und Zitronenscheiben vermengen. Marinade über die Tintenfischteile gießen und zugedeckt etwa 2 Stunden im Kühlschrank durchziehen lassen.

5. Für den Dip Crème fraîche mit Joghurt und Zitronensaft verrühren. Beiseitegelegte Knoblauchzehe durch eine Knoblauchpresse drücken oder sehr fein hacken und unterrühren. Mit Salz und Pfeffer würzen.

6. Paprikaschoten halbieren, entstielen, entkernen und die weißen Scheidewände entfernen. Schoten waschen, abtropfen lassen und in mundgerechte Stücke schneiden. Zucchini waschen, abtrocknen und die Enden abschneiden. Zucchini in etwa 1 cm dicke Scheiben schneiden.

7. Tintenfischteile aus der Marinade nehmen und abtropfen lassen. Paprikastücke, Zucchinischeiben und Tintenfischteile abwechselnd auf die Spieße stecken. Spieße mit der Marinade bestreichen und auf den heißen Grill legen, unter mehrmaligem Wenden etwa 10 Minuten grillen. Tintenfischspieße mit Salz und Pfeffer bestreuen und mit dem Dip servieren.

TOMATEN-PAPRIKA-RELISH, SCHARF

- Zubereitungszeit: 35 Minuten, ohne Ruhe-, Abkühl- und Durchziehzeit
+ Vegetarisch

ZUTATEN FÜR 3 GLÄSER (JE 200 ML)

2 rote Paprikaschoten
1 kg vollreife Tomaten
2–4 Knoblauchzehen
1–2 EL Harissa (afrikanische Gewürzpaste)
4 EL kalt gepresstes Olivenöl
Meersalz

INSGESAMT:

E: 12 g, F: 39 g, Kh: 43 g, kcal: 584

1. Den Backofengrill vorheizen. Die Paprika halbieren, entstielen, vierteln, entkernen und die weißen Scheidewände entfernen. Schoten abspülen, abtropfen lassen und auf ein Backblech legen. Das Backblech unter den vorgeheizten Grill schieben, die Paprikaschoten so lange rösten, bis die Haut schwarz wird und Blasen wirft.

2. Schoten in eine Schale legen, mit Frischhaltefolie zugedeckt etwa 15 Minuten stehen lassen.

3. Tomaten abspülen, abtrocknen, mit den Knoblauchzehen auf das Backblech legen und ebenfalls unter dem vorgeheizten Grill rösten, bis die Haut schwarz wird und Blasen wirft, dabei gelegentlich wenden; die Knoblauchzehen sollten noch weich sein. Tomaten und Knoblauch abkühlen lassen.

4. Die Haut der Paprikaschoten abziehen. Paprika in sehr kleine Würfel schneiden. Tomaten häuten, entkernen und die Stängelansätze entfernen. Tomaten grob zerkleinern.

5. Knoblauch abziehen und in sehr kleine Würfel schneiden.

6. Paprikawürfel mit Tomatenstücken, Knoblauchwürfeln, Harissa und Olivenöl mischen, mit Meersalz abschmecken, etwa 2 Stunden durchziehen lassen.

7. Überschüssiges Olivenöl abgießen. Relish in gründlich gereinigte Gläser füllen und mit Twist-off-Deckeln® verschließen. Relish kalt und dunkel gestellt etwa 2 Wochen durchziehen lassen.

TIPP:

Dunkel und kalt gestellt ist das Relish 3–4 Monate haltbar.

TOMATENSALSA

- Zubereitungszeit: 10–15 Minuten
+ Vegan

ZUTATEN FÜR 4 PORTIONEN

2 Tomaten
2 kleine Zwiebeln
je 1 rote und grüne Chilischote
1 Stängel Koriander
2 Bio-Limetten (unbehandelt, ungewachst)
1 TL brauner Zucker

INSGESAMT:

E: 1 g, F: 0 g, Kh: 3 g, kcal: 21

1. Für die Tomatensalsa Tomaten abspülen, abtrocknen, vierteln, entkernen, Stängelansätze entfernen und die Tomaten fein würfeln.

2. Zwiebel abziehen und ebenfalls würfeln. Chilischoten halbieren, entkernen, abspülen, abtropfen lassen und fein würfeln.

3. Koriander abspülen, abtropfen lassen, die Blättchen von den Stängeln zupfen und klein schneiden.

4. Die Limetten heiß abwaschen, abtrocknen und die Schale abreiben. Limetten halbieren, den Saft auspressen.

5. Alle Zutaten in einer Schüssel gut vermischen und bis zum Servieren zugedeckt in den Kühlschrank stellen.

TIPPS:

Die Salsa kann natürlich auch am Tag zuvor zubereitet werden, schmeckt aber am besten, wenn sie nur wenige Stunden zieht.
Salsa als Dip mit ofenfrischem Baguette servieren oder zum klassischen Burger.

REZEPTVARIANTE:

Für eine **Avocadosalsa** 2 feste reife Avocados halbieren und jeweils den Stein entfernen. Das Fruchtfleisch mit einem Löffel aus den Schalen heben. Fruchtfleisch in bohnengroße Würfel schneiden und sofort mit dem Saft von 2 Limetten, 1 Tomate (geviertelt, entkernt und fein gewürfelt), 1 kleine rote Zwiebel (in feine Würfel geschnitten), 1 rote Chilischote (halbiert, entkernt und fein gewürfelt) und 2 Esslöffeln Olivenöl mischen. Avocadosalsa mit Salz und etwas Honig abschmecken.

TORTELLINISALAT MIT RUCOLA

- Zubereitungszeit: 40 Minuten, ohne Abkühl- und Durchziehzeit
- + Vegetarisch

ZUTATEN FÜR 8 PORTIONEN

4 l Wasser
4 gestr. TL Salz
2 Pck. getrocknete Tortellini mit Käsefüllung (je 250 g)

100 g abgezogene, gestiftelte Mandeln
3 rote Paprikaschoten

FÜR DIE MARINADE:

3 EL Weißweinessig
Salz
gem. Pfeffer
5 EL Speiseöl, z. B. Sonnenblumenöl
5 EL Nussöl

300 g Rucola (Rauke)

PRO PORTION:

E: 12 g, F: 25 g, Kh: 44 g, kcal: 448

1. Wasser in einem großen, geschlossenen Topf zum Kochen bringen. Dann Salz und Tortellini hinzugeben. Die Tortellini im geöffneten Topf bei mittlerer Hitze nach Packungsanleitung kochen lassen, dabei 4–5-mal umrühren. Anschließend die Tortellini in ein Sieb geben, mit heißem Wasser abspülen und abtropfen lassen.

2. Mandeln in einer Pfanne ohne Fett goldbraun rösten, auf einem Teller abkühlen lassen und beiseitestellen.

3. Paprika halbieren, entstielen, entkernen und die weißen Scheidewände entfernen. Die Schoten waschen, trocken tupfen und in Würfel schneiden.

4. Für die Marinade Essig mit Salz und Pfeffer verrühren. Speise- und Nussöl unterschlagen.

5. Tortellini mit den Paprikawürfeln in einer großen Schüssel mischen, Marinade hinzugeben und untermischen. Den Salat etwa 30 Minuten durchziehen lassen.

6. Rucola verlesen und dicke Stängel abschneiden. Rucola abspülen, gut abtropfen lassen oder trocken schleudern und evtl. etwas kleiner zupfen. Rucola mit den beiseitegestellten, gerösteten Mandeln unter den Salat heben.

REZEPTVARIANTE:

Für **Tortellinisalat „Eurasia“** 250 g frische Tortellini in kochendem Salzwasser nach Packungsanleitung bissfest kochen. In der Zwischenzeit 50 g Pinienkerne in einer Pfanne ohne Fett unter Wenden goldbraun rösten. Gegarte Tortellini in ein Sieb geben, kurz mit kaltem Wasser abspülen und gut abtropfen lassen. 1 reife Mango halbieren und das Fruchtfleisch vom Stein schneiden. Mango schälen und in etwa 1 ½ cm große Würfel schneiden. 200 g Cocktailtomaten abspülen, abtropfen lassen und halbieren. 100 g Schmand (Sauerrahm) mit 100 g Salatmayonnaise, 3–4 Esslöffeln Orangensaft und 2 Esslöffeln Currypulver gut verrühren, kräftig mit Salz und Pfeffer würzen. Tortellini mit Mangowürfeln, Tomatenhälften und der Sauce in einer großen Schüssel vorsichtig mischen. 1 kleines Bund Basilikum abspülen, trocken tupfen und die Blättchen von den Stängeln zupfen. Den Salat mit Salz, Pfeffer und Zucker oder Honig abschmecken und mit Basilikumblättchen und Pinienkernen bestreut servieren.

VERBENE-DIP

- Zubereitungszeit: 5–15 Minuten, ohne Durchziehzeit
- Vegetarisch
- Mit Alkohol

ZUTATEN FÜR 12 PORTIONEN

1 Bund Zitronenverbene
200 g Frühlingszwiebeln
1 Zitrone
450 g Crème fraîche
200 ml trockener Weißwein
1 geh. EL mittelscharfer Senf
Salz
gem. Pfeffer

INSGESAMT:

E: 12 g, F: 132 g, Kh: 36 g, kcal: 1584

1. Für den Verbene-Dip Zitronenverbene abspülen, trocken tupfen und die Blättchen von den Stängeln zupfen. Die Blättchen fein schneiden.

2. Frühlingszwiebeln putzen, abspülen, abtropfen lassen und in feine Scheiben schneiden.

3. Die Zitrone halbieren und den Saft auspressen. Crème fraîche mit Weißwein und Zitronensaft verrühren, mit Senf, Salz und Pfeffer abschmecken. Zitronenverbene und Frühlingszwiebelscheiben unterrühren, das Ganze etwa 15 Minuten durchziehen lassen.

TIPPS:

Wenn Sie keine Zitronenverbene bekommen, dann können Sie den Dip auch mit Zitronenmelisse zubereiten.
Der Dip passt gut zu gegrilltem Fisch, gegrillten Garnelen und Steaks.
Er ist auch als Marinade einsetzbar und reicht dann zum Einstreichen für je etwa 1 kg Fleischstücke oder Fischfilets.
Der Verbene-Dip kann am Vortag zubereitet werden und zugedeckt im Kühlschrank durchziehen.

VIKTORIABARSCH IM ZUCCHINIMANTEL

Zubereitungszeit: 50 Minuten
Grillzeit: etwa 24 Minuten

ZUTATEN FÜR 4 PORTIONEN

2 mittelgroße Zucchini (je etwa 250 g)
Salz
4 Viktoriabarschfilets
gem. Pfeffer
etwas Zitronensaft
Olivenöl

ZUSÄTZLICH:

evtl. Holzstäbchen

PRO PORTION:

E: 14 g, F: 3 g, Kh: 1 g, kcal: 98

1. Zucchini waschen, abtrocknen und die Enden abschneiden. Zucchini der Länge nach in dünne Scheiben schneiden (evtl. auf einer Aufschnittmaschine oder mit einem Sparschäler).

2. Zucchinischeiben in kochendem Salzwasser blanchieren, in ein Sieb geben, mit kaltem Wasser übergießen und abtropfen lassen.

3. Viktoriabarschfilets mit Küchenpapier abtupfen. Jedes Filet einmal senkrecht durchschneiden. Mit Salz, Pfeffer und Zitronensaft würzen.

4. Jeweils 1 Barschfiletstück in 2–3 Zucchinischeiben einschlagen, evtl. mit einem Holzstäbchen feststecken. Mit Olivenöl bestreichen.

5. Die eingeschlagenen Barschfilets auf den heißen Grill legen und von beiden Seiten jeweils etwa 12 Minuten grillen.

ZAZIKI

- Zubereitungszeit: 15 Minuten, ohne Durchziehzeit
- + Vegetarisch

ZUTATEN FÜR 4 PORTIONEN

150 g Salatgurke
2 Knoblauchzehen
300 g Joghurt
Salz, gem. Pfeffer

INSGESAMT:

E: 10 g, F: 9 g, Kh: 14 g, kcal: 222

1. Gurke abspülen, abtropfen lassen und schälen. Gurke längs halbieren, das Kerngehäuse mit einem Löffel entfernen und die Gurke mithilfe einer Reibe fein raspeln.

2. Den Knoblauch abziehen und durch eine Knoblauchpresse drücken oder sehr fein hacken.

3. Joghurt glatt rühren und mit Gurke und Knoblauch vermengen.

4. Zaziki kalt stellen und gut durchziehen lassen, anschließend mit Salz und Pfeffer abschmecken und servieren.

ZIEGENKÄSE MIT SONNEN-BLUMENKERNKRUSTE

Zubereitungszeit: 40 Minuten
Backzeit: etwa 5 Minuten
+ Vegetarisch

ZUTATEN FÜR 4 PORTIONEN

1 großer Kopf Bataviasalat
1 großer Kopf Radicchio
1 Bund Rucola (Rauke) oder Brunnenkresse

FÜR DIE SALATSAUCE:

5–6 EL Weißweinessig
Salz
1 Prise Zucker
gem. Pfeffer
8–10 EL Speiseöl, z. B. Sonnenblumenöl

FÜR DEN ZIEGENKÄSE:

10 runde, flache Ziegenkäsescheiben
3–4 EL Olivenöl
75 g Sonnenblumenkerne

ZUSÄTZLICH:

Fett für das Backblech

PRO PORTION:

E: 20 g, F: 37 g, Kh: 15 g, kcal: 489

1. Salate putzen oder verlesen, abspülen, gut abtropfen lassen und in mundgerechte Stücke zupfen.

2. Für die Salatsauce Essig mit Salz, Zucker und Pfeffer verrühren und Öl unterschlagen. Salate in eine große Schüssel geben und die Salatsauce darüberträufeln.

3. Den Backofen vorheizen.
Ober-/Unterhitze: etwa 180 °C
Heißluft: etwa 160 °C

4. Für den Ziegenkäse Käsescheiben mit Öl bestreichen und mit Sonnenblumenkernen bestreuen, dabei die Kerne etwas andrücken. Den Käse auf ein Backblech (gefettet) legen und im vorgeheizten Backofen **etwa 5 Minuten überbacken,** aber nicht zerlaufen lassen.

5. Den heißen Käse sofort mit dem Salat servieren.

TIPP:

Dazu passt warmes Baguette oder Fladenbrot.

REGISTER

RIND

SCHWEIN

LAMM & WILD

GEFLÜGEL

FISCH & MEERESFRÜCHTE

MARINADEN, SAUCEN, DIPS & CO.

BROT & BRÖTCHEN

SALATE

SÜSSES

VEGETARISCH & VEGAN

MIT ALKOHOL

Bei Fragen oder Anregungen wenden Sie sich bitte an folgende Telefonnummer +49(0)89-5482515-0 oder an kontakt@zsverlag.de

ISBN: 978-3-7670-1660-6
2. Auflage 2019

Projektleitung: Karin Garthaus
Lektorat: no:vum, Susanne Noll, Hennef
Rezeptentwicklung und -beratung:
Olaf Brummel, Steinhagen

Nährwertberechnungen: Nutri Service, Hennef, Angelika Ilies, Langen

Titelfotos:
Walter Cimbal, Hamburg (8), Fotostudio Diercks, Hamburg (4), Antje Plewinski, Berlin (1), Axel Struwe, Bielefeld (2)

Foodfotografie:
Walter Cimbal, Hamburg (S. 15, 17, 18, 23, 24, 27, 29, 30, 38, 39, 40, 44, 46, 47, 51, 54, 59, 60, 70, 75, 79, 80, 86, 88, 106, 109, 110, 113, 114, 117, 118, 122, 123, 124, 132, 136, 142, 148, 151, 153, 154, 156, 158, 162, 170, 176, 178, 180, 183, 186, 193, 198, 201, 205)
Fotostudio Diercks (Thomas Diercks, Kai Boxhammer, Christiane Krüger), Hamburg (S. 11, 12, 33, 36, 43, 50, 53, 56, 57, 64, 67, 68, 76, 83, 84, 92, 95, 96, 100, 105, 116, 119, 128, 131, 137, 139, 140, 145, 146, 159, 160, 161, 163, 164, 167, 168, 173, 188, 189, 190, 195, 197, 202, 203, 206, 208, 209)
Fotostudio Eising, München (S. 99, 150)
Ulli Hartmann, Halle (S. 172)
Antje Plewinski, Berlin (S. 10, 13, 14, 19, 20, 26, 34, 48, 49, 62, 63, 73, 77, 78, 89, 90, 91, 94, 102, 103, 104, 127, 169, 175, 179, 185, 210)
Axel Struwe, Bielefeld (S. 8, 9, 35, 69, 72, 74, 82, 85, 120, 121, 135, 138, 182, 184, 194, 204)
Brigitte Wegner, Bielefeld (S. 52, 134, 211)
Winkler Studios, Bremen (S. 37, 143)

Gestaltungskonzept:
seidldesign.com, Wolfgang Seidl, Stuttgart
Satz und Titelgestaltung:
Büro 18, Friedberg/Bayern
Producing: Jan Russok
Herstellung: Frank Jansen
Druck und Bindung: Optimal media GmbH, Röbel

Die Bücher und E-Books unter der Marke Dr. Oetker Verlag erscheinen als Lizenz in der ZS Verlag GmbH.
redaktion-oetker@zsverlag.de
www.facebook.de/Dr.OetkerVerlag
Die ZS Verlag GmbH ist ein Unternehmen der Edel AG, Hamburg.
www.zsverlag.de
www.facebook.de/zs-verlag